푸른수행 파란행복

푸른수행 파란행복

종원 지음

맑은소리
맑은나라

어린이 포교
청소년 포교
군 포교
대학생 포교
대중 포교

언제나 중단 없는 포교 원력으로
전법의 바로미터가 되고 있는
종원스님을
지금 만나게 됩니다.

책장을 넘길 때마다
종원스님의
살뜰한 포교관을
만날 것이며

자연인 종원의
진면목을
마주하게 될
것입니다.

좋은 인연입니다.

귀의 삼보하옵고

어리석은 저를
세심하고 묵묵히 지도해 주시며
정법의 길로 이끌어 주신,
은사이신 무심보광 큰스님께,

이 책이 나오는데 많은 격려와 조언을 해주셨으며
여여하고 따뜻한 마음을 언제나 베풀어 주신
불심도문 노스님 등 대각회 어른스님들,
해봉, 정우, 월우큰스님,
도림, 법수, 성행, 능원, 법원, 마하, 도은, 덕림, 실원,
무언, 상원, 선도, 호련스님과

승가대 20기 도반스님들께

그리고
삶의 아름다운 인연과 불법을 심어주신
사랑하는 나의 아버님과 어머님께 깊은 감사의 예를 올리며,
멀리 미국에서 아름다운 삶을 그리고 있는
나의 형과 가족들의 건강과 행복을 발원한다.

사바세계라는 낯선 삶에
따뜻한 향기가
피어오를 수 있도록 도와주신
대각사 정수현심, 심보리심 회장님,
권오상, 김민준 거사님 등 대각사 불자님들,
삶을 밝히며 정진하는 반야회 불자님,
중앙승가대학교와

군종특별교구의 사부대중께도
깊은 감사를 드리며

좋은 책을 만들어 주시고
출간까지 이끌어 주신
김윤희 대표님께도 특별히 감사를 드린다.

나에게 진정 수행한 공덕이 있다면
이 책속에 알알이 베인 신심과 환희, 지혜와 자비의
이슬들이 모든 불자님들의 가슴에 촉촉히 스며들기를
바라고 바랄뿐이다.

불기 2567년
대각사에서
종원 합장

목차

목
차

1장

가장 좋은 파종播種,

부처님의 씨앗

가장 좋은 파종(播種),
부처님의 씨앗

씨앗의 영어표기는 씨드(seed)

이다. 흔히 종자라고도 부른다. 어떤 생각을 일으켜 행하고 그
것이 긍정적 모습의 변화를 가져오게 되면 소위 '씨를 잘 뿌렸
네.' 혹은 '종자가 좋아' 라고 표현하게 된다.
특히 우리 불교집안에서는 유독 종자를 잘 발아시키는데 마음
을 모으게 되는데 이는 어떤 뿌리를 파종하느냐에 따라 좋은 수
확을 거둘 수도 있고 그렇지 않은 결과를 가져올 수도 있기 때
문이다.

우리의 근 · 현대 불교사를 차치하고라도 최근 들어 불교계에는
유독 좋은 꽃을 피운 분들을 종종 만나게 된다. 그리고 그 분들
의 면면을 가만히 들여다보면, 반드시 씨앗이 달랐음을 알게
된다.

천년고도 경주에 가면 황룡원이라는 연수숙박시설이 있다. 이는 황룡사지 9층탑을 본 딴 형태로 경주 보문단지 일원에 조성되어 있는데 바로 이 시설을 창건한 분이 어린 시절부터 불종자의 움을 틔운 인물이었다는 것이다.

그는 우리나라 철강 산업의 대표주자격인 동국제강을 세운 故 장경호 거사님의 5남 장상건 거사이다. 장 거사님은 현재 세수 구순을 넘긴 불교인으로 어린 시절부터 유독 부친을 따라 수행도량을 함께 다녔던 소년이었다. 남자 형제만 여섯이었는데 불교에 관심이 많았던 것은 바로 이 5남인 장상건 거사님이었다는 사실이다.

그렇게 성장기를 지나 동국제강의 계열사를 맡아 사업가로서 기반을 다지신 장 거사님께서는 선친의 유훈을 새겨 불교를 위한, 공익을 위한 공간을 마련코자 했으며 그 오롯한 서원은 지난 2015년 현실이 되어 경주를 대표하는 황룡원이라는 연수숙박시설을 우뚝 탄생케 했던 것이다.

2년의 설계기간을 거쳐 5년 여에 달하는 불사기간이 소요돼 완성된 황룡원은 그야말로 여의주를 품은 곳으로 세상에 나투었다. 연수동과 타워동. 그리고 본관, 너른 잔디마당 등 어느 시설 하나 소홀함을 발견할 수 없는 공간은 선진 외국인들이 와서 이용해도 손색이 없는 시설을 자랑한다. 그러니, 불교인들은 물론 비불교인들에 이르기까지 시설을 이용한 경험자들에게 황룡원은 무한한 가치를 제공하고 있는 셈이다.

한 사람의 좋은 생각이 얼마나 커다란 반향을 일으키는지 황룡원을 보면서도 충분히 알 수가 있다.

그런가하면, 부산 송정에는 〈복합명상문화센터 쿠무다〉가 천일 동안의 불사기간을 거쳐 2021년 12월 개원 했다. 이 복합명상문화센터의 이사장이 장상건 거사님의 경우처럼 어려서부터 남달랐던 또 한 사람의 불교인이자 스님으로 전법의 주자로 이제 명성이 자자한 주인공이 되었다. 바로 주석스님이다.

주석스님은 신실한 믿음을 가진 할머니의 손을 잡고 어릴 적부터 절에 간 소녀였다. 그런 소녀의 눈에 비친 할머니의 신심은 지극하기 이를 데가 없었다. 그렇게 신심 가득한 할머니를 따라 다니던 일곱 살 꼬마는 다니던 절의 탑 앞에서 이렇게 기도를 했단다.

"제발, 불교를 위해 큰 일 하나 하게 해 주세요."라고.

사람의 생각은 무시로 변하기 마련이다. 좋은 일이라 할지라도 처해진 상황이 바뀌면 할 수 없는 순간이 오게 되며, 크게 눈에 띄는 일이 아닐지라도 감행해야 하는 순간도 꼭 있게 마련이다.

도심포교를 선언하고 산에서 도회지로 내려온 스님에게 비단길 만 있었겠는가. 더는 200억에 가까운 불사를 진행하는 동안, 세 간의 바람은 얼마나 거셌을까마는 스님은 그 바람을 타지 않았 다. 오로지 의연할 뿐이었고, 앞으로의 불교를 위해서 누군가는 먼저 해야 할 일을 스님이 먼저 나서서 한 셈이다.

문화행사를 여법하게 치를 수 있되, 불교색을 놓치지 않는 공간 을 마련한 것이다. 전 층에서 바다를 조망할 수 있는 쿠무다에 서는 하늘법당의 해수관음보살님, 그리고 지하 문화홀에 모셔 진 석가모니부처님이 계셔 무시로 참배를 할 수 있으며 젊은이 들이 선뜻 다가갈 수 있는 카페, 한식당, 레스토랑, 도심선방, 방 송녹음실 등 10개층 곳곳에서 사람의 향기가 폴폴 솟아나는 향 훈의 도량을 그렇게 만든 것이다.
찬탄해마지 않을 수 없는 원력보살임이 분명하다.

부끄럽지만 소납의 얘기를 잠깐 곁들인다. 나는 불심이 돈독하 신 부모님 사이에서 두 형제 중 막내로 태어났다. 군인이셨던 부친의 엄격하신 생활상도 그러했거니와 언제나 사원寺院을 중 심으로 일상을 꾸려나가시던 모친의 모습은 가히 '거울'이 분 명했다. 그런 환경이 내게 준 선물은 '불심'이었고, 그것을 실천 으로 옮긴 내 기행奇行은 중·고등학교 시절, 인근 학교 학생들 을 참여시켜 학생회를 만드는 일로 이어졌다.

지금처럼 휴대폰이나 인터넷 문화가 점령하지 않던 시절, 뜻이 통하는 친구들과 함께 불교학생회를 만들어 활동을 하고 사찰에 가 법회에 참석하는 자연스런 행보는 바로 어머니가 가르쳐준 신심의 발로였다.

어린 눈에 들어온 사찰의 스님과 보살님들의 모습에서 난 씨앗을 발아시킨 셈이었다. 그렇게 청년기를 보내고 군법사의 길을 걷게 되는데 바로 그 시절이 내 지금의 전문 수행자가 되기 위한 워밍업 시간이 아니었나 싶다. 돌이키고 다시 돌이켜도 나의 선택은 너무도 탁월했노라고 언제나 서슴없이 말한다.

조석으로, 그리고 사시에도 부처님전에서 예불을 올리고 신도분들과 신앙생활과 신행을 함께 도모하는 일은 수행자의 삶을 더욱 견실하게 북돋아주는 일이 되고 있으며 스스로를 관하는 수행의 시간은 24시간을 넘어 끊이지 않는 탁마의 시간으로 채워지고 있으니 이만한 복덕이 어디 있겠는가.

먹는 마음 하나가 이렇듯 천양지차天壤之差의 결과를 낳게 마련인가 보다.

2장

나누고
보태기

겨울의 끝을 알리는 정월 대보름은 유독 푸근함이 전달되는 절기이다. 이내 봄을 몰고 올 것만 같은 정월 대보름이면 사찰에서는 큰 명절로 여겨 보름법회를 열고 더는 보름나물을 만들어 오곡밥과 함께 나눠먹는 문화를 오래전부터 이어왔다.

물론 민가에서도 그것은 전통으로 자리 잡아 이웃과 함께 오곡찰밥과 나물음식을 나눠먹는 풍습을 이어온 게 사실이다. 이는 먹거리를 매개로 한 관계망을 잘 드러내는 단면이기도 해, 새 해를 맞은 모두에게 한 해 동안의 풍요와 건강을 서원하는 첫출발로도 보았다.

또한 사찰에서는 정월 대보름이면 백일간의 동안거를 해제하는 날로 수행에 임한 모두가 모여 해제법요식을 한다. 해제가 있기

하루 전날이면 자자自态라고 하여 스스로의 수행을 얘기하며
평가받는 시간을 갖기도 하는데 이는 철저한 자기 점검의 순간
이다.

그리고 해제를 하고 난 수좌스님들은 바랑 하나 짊어지고 산문
을 나선다. 산철이 주는 자유와 작은 설레임을 갖고 끝이 없는
공부길을 그렇게 또 나서는 셈이다. 삼삼오오 산문을 빠져나가
는 수좌들의 뒷모습을 볼 때면 참으로 외롭고 결연한 모습이 느
껴진다. 구도求道이기 때문일 것이다. 함께이되 결코 같이 할 수
없는 길, 그 길에서의 외로움은 철저할수록 내면을 굳게 성장시
켜 준다.

나는 유소년기를, 형과 함께 부모님의 자식노릇을 하며 성장했
다. 출가 전까지 그리고 형님이 타국으로 이민을 가기 전까지
많은 것들을 늘 형과 의논하며 도모하는 편이었다. 어린 시절에
는 모든 것을 함께 나눠야 했기에 가끔씩은 형의 존재가 싫기도
했으나, 성인으로 성장하면서의 사정은 달랐다. 무엇이든 형과
나눌 수 있어 좋다는 생각이 들었던 때는 이미 머리가 커진 청
년기를 마치 크로키 기법처럼 휙 넘어가면서부터였다.

형의 존재가 그렇게도 고마울 수가 없었다. 부모님을 시봉한다
는 생각을 먹어보지도 못했지만 서로가 서로의 존재를 든든하
게 여겼을 테고, 마음만으로도 그득한 그런 존재가 바로 형이었
다. 나눔에서 보탬의 존재로 전환된 순간이었다. 그러나 모든
상황은 이미 이루어져 있었음에도 무명無明에 가려 보이지 않을

뿐이었다. 미처 지혜를 일구지 않은 까닭이었다.

내가 주지 소임을 맡고 있는 우리 대각사에서는 여느 사찰에 비해 법회가 빈번한 편이다. 이는 역대 어른스님들께서 계실 때부터 정착시킨 정례화 된 법회들이다. 화엄기도, 약사재일, 아미타재일, 지장재일, 관음재일법회가 그러하며 대각사만의 용성조사추모재, 용성조사탄신재, 회암종사추모재가 그것이다.
월별 다섯 개의 법회가 봉행되므로 약분하자면, 통상 일주일에 한 번씩 법회가 열린다고 보면 된다. 그러니 신도분들이 절을 찾는 빈도수가 타 사찰에 비하여 높다고 보면 된다. 그렇듯 법회에 참석하는 대중들은 오래된 신도들이 거개이다. 신도분들 가운데는 나의 노스님이신 도문 큰스님 때부터의 인연들이 많아, 노스님의 손시봉인 나로서는 마치 속가의 조모나 외조모를 뵙는 듯 한 기분이다. 그런 어르신들의 대부분은 법회에 참석하는 일도 일이지만, 절에 오면 만나지는 도반들과의 우의가 좋아 서로의 존재감을 확인하고 돌아가는 일도 절에 오는 이유 가운데 하나로 작용하기도 한다.

어쩌다 자투리 시간이 나, 잠시 그분들의 담소 모습을 목도하게 되는데 그 모습들은 마치 유치원 원생들처럼, 초등학생들처럼 너무도 밀착되어 노니는 풍경이다. 그러나 법회가 시작되고 기도가 시작되면 그분들은 철저한 독살이 수행승마냥 자신의 기도에 일념임을 볼 수 있다.

도반은 어디 가고, 홀로 앉아 자기 기도에 쏙 빠져드는 모습이다. 보태주기를 할 수 없는 것이 기도라고 암묵적으로 알려주고 있는 것만 같다.

그러나 그도 외양에 불과할 따름이다. 불교에서는 수희공덕隨喜功德과 수희찬탄隨喜贊嘆이라는 표현이 있다. 이는 누군가에게 좋은 일이 있을 때, 함께 기뻐하고 그 일을 나의 일처럼 함께 나누는 삶을 가리킨다. 분명, 도반의 기쁨을 함께 하고 있을 것이며 도반의 슬픔을 함께 나누고 있을 것이다. 미혹迷惑하여 미처 다 발견하지 못할 뿐이다.

우리들은 보여지는 모습보다 훨씬 더 나은 존재들이다.

선가禪家에서는 '사흘 전의 누군가를 오늘 평가하지 말라' 라는 말이 있다. 사람은 누구라도 어제에 머물러 있지 않다. 끊임없이 변화하며 더 나아지고자 노력하며 살아간다. 그러니, 낡은 잣대로 사흘 전의 누군가를 재서는 안 될 일이다.

오늘,
나누고 혹은 보태야 하는 일 앞에서 주저하지 않는 도반을 두셨겠지요. 저도 그런 도반 있습니다.

3장

마음
밭

출가하여 가장 먼저 만나게 되
는 얼굴은 단연 행자 도반들이다. 한 치 오차도 허락되지 않는
행자생활은 출가자들에게 있어 가장 많은 것들을, 최고로 함축
된 시간에 익히고 다지는 시절이기에 긴장감 역시 전운戰雲이 살
짝 감지될 정도이다.
공양주, 채공 등 각각의 소임이 주어지는 대로 행자들은 바쁘
다. 새벽에 기상하여 저녁 잠자리에 눕는 시간까지 그야말로 한
시도 쉴 틈 없이 도량과 후원을 누비는 것이 일상이다.

내가 행자생활을 하던 때에도 행자도반들의 숫자는 적지 않았
다. 그들 가운데는 마을에서 공부 꽤나 했던 이도 있고, 부모님
울타리가 좋은 이, 가정은 힘들었지만 해맑은 성품을 지닌 이,
손재주가 능한 이 등 10인 10색 100인 100색의 모습들이 한 공

간에서 살을 부대끼며 살았다. 그래서인지, 대중방에서 함께 잠을 자고 밥을 먹으며 함께 지내는 행자생활은 정식 출가자가 되기 전, 출가자로 살아갈 자격을 지녔는지, 그렇지 못한지를 가늠하게 되는 통과의례의 시간으로도 간주되곤 했다.

지금 돌이켜 봐도 당시의 도반들 모습은 뚜렷했던 기억이다. 무엇이든 힘든 일에는 앞장서던 도반은 그 품이 어찌나 넉넉했던지, 마치 세속의 형님같은 느낌이었고 그 성품은 비구가 되어서도 변함이 없었다. 함께 승랍을 보태며 나이테를 더하듯 시간을 먹고 있는 지금도 난 그 도반이 늘 든든하기만 하다. 나 또한 그 도반처럼 도량이 늘 넓어지기를 발원하게 된다.

한적한 산사에서 살 때와 도심사찰에서 소임을 맡아 사는 지금은 많은 것이 다르다. 기도와 울력, 신도 교육 등 주어지는 일들이 같은 듯 하지만 결은 분명 다르다. 산에서는 채전을 일구는 일도 해야 하고, 넓디넓은 도량을 하루도 돌보지 않으면 안 되는 구조나 도심사찰에서는 산과 들을 소유하고 있지 않기에 다소 단출한 살림이랄 수 있다. 그러나 신도들이 도량을 찾는 빈도수는 단연 높아 다양한 모습의 신도분들을 만나 일상생활의 고충을 들어주는 역할과 신앙생활을 이끌어주는 일은 끊임없는 수행과 맘먹는 시간이다.

바로 그런 순간에도 수행자들의 모습은 여여해야 한다. 수행자의 신분에서 신도들의 눈높이에 맞춰 응대를 하기에 많은 부분을 내가 계도하는 듯해도, 실은 연륜이 있는 분들의 경우에는 삶의 지혜를 가득 안고 찾아오기에 오히려 세속 나이가 아래인 내가 배우는 시간도 적지 않다. 듣고, 수긍하며 답을 얻는 모습이 마치 수승한 어른스님들을 만나 덕담을 듣는 순간처럼 느껴질 때도 있으니 삶은 원칙이 없는 씨줄과 날줄을 엮는 일이라는 생각이다.

반면교사反面教師라고 하지 않았는가. 타인의 모습을 통해 나를 알고, 그곳에서 가르침을 얻게 됨은 경계가 없다. 내가 어떤 눈을 뜨고 사느냐에 달려 있다 하겠다.

20대 대통령 선거를 앞둔 요즘, 우리 사찰에도 후보들을 비롯해 후보를 지원하는 인물들이 자주 방문하여 자신들이 갖고 있는 공약을 들려주거나 필요로 하는 것이 무엇인지를 경청하는 시간을 갖기도 한다.

오랜 시간을 부처님 시봉하며 수행자로 살아온 우리들과 달리, 정치인들의 면면은 깜짝 놀랄 만큼 다른 모습으로 다가오곤 하는데 차담을 하며 이야기를 나누다보면 웬 만큼의 소신은 감지가 된다. 뼛속까지 정치인의 피를 지녔는지 아님, 따뜻하여 휴머니티가 흐르는 자연인 그대로인지를 알게 되는 그런 순간이다.

대개는 후자의 경우에 마음이 더 가게 된다. 보여 지는 모습보다 더 원만한 성정으로 상대를 헤아릴 줄 아는 소양의 사람에게 그렇게 마음이 가게 마련인데 다름 아닌 '마음 씀' 이 드러나기 때문이다.

원칙을 지키고 바른 신념을 지닌 사람은 출세간을 막론하고 인정받게 되어 있다. 그런 이들 곁에는 늘 사람이 끊이지 않으며 훈기가 돈다. 마음 밭이 좋은 이유이다.

나의 오랜 도반처럼, 연륜 깊은 신도님처럼 내가 경작하는 나의 밭도 비옥하여 양질의 열매를 얻게 하고 싶다. 쉼 없는 정진으로 빛나게 하고 싶다.

4장

장엄
莊嚴

아마도 불교를 알고부터였을 것이다. 그것도 불교 용어를 깊이 있게 이해하면서부터.

'장엄莊嚴'이라는 말은 그렇게도 좋았다. 일반적으로는 지비智悲라든가 환희심歡喜心 같은 말이 불교인들에게는 자주 쓰이는 용어이기도 하건만 나는 그렇듯 '장엄'이 좋았다. 그것도 아주 흡족하게 말이다.

그것은 어떤 시공時空에서 크게 역할을 한다는 내용이기도 하지만, 부족분이 있다면 그 부족분을 아낌없이 채워준다는 의미로도 쓰인다. 어떤 법석에서는 함께 자리를 채워준 '사람'이 장엄이 되기도 하고, 또 어떤 장소에서는 무정물이 그런 역할을 할 때도 있어 사람을, 법석을 곱절로 원만하게 만들어주는 모습을 발견하기도 한다.

바로 그런 의미를 곱씹다 보니 어느 날, '나'가 보이기 시작했

다. '나는 누구에게 장엄이 되고 있을까?' '나는 어떤 날, 누군
가에게 없어서는 안 될 존재로 작용할까?' 하는 자문이 끊임없
이 공격을 해오는 날이 있었다. 공부였다. 스스로에게 부끄럽지
않을 공부인의 도리를 스스로가 하고 있는 모습이었다.

어른스님들, 열심히 정진하는 재가불자님들, 더는 도반, 속가 부
모님과 형님 가족들 등 대상과의 씨름을 하고 있는 모습이었다.
사실 민낯으로 마주하면 부끄럽지 않을 이 얼마나 있을까마는
그 속살을 보여주며 사람은 가까워진다. 그러니 미운사람, 고운
사람 더불어 부대끼다보면 그들조차도 어느 순간엔 바짝 다가
와 '장엄' 노릇을 해주고 있음을 알게 된다.

법회를 봉행해 보면 알 수 있다. 무릎이 가까운 이 일수록 도탑
게 삶을 공유하는 관계라는 것을. 그들은 가까운 '도반' 이 되어
누구도 넘보지 못할 우의를 다지게 되는데 바로 그런 불자님들
의 모습에서도 서로가 서로에게 긴한 '장엄' 이 돼 주고 있다는
사실을 발견하게 한다. 흐뭇한 풍경이다.

그런가 하면, 유형의 장엄물에서 장엄의 의미를 되새기게 될 때
에도 모골이 송연해지는 느낌을 받게 된다. 원만하게 조성된 삼
존불의 위용과 종종 만나게 되는 오백나한, 삼천불 등 모두 어
느 장인匠人의 손길에서 태어난 형상이지만 거기에 혼魂을 투여
하게 되면 조형물은 숭배의 대상이 되고 나아가 살아 숨 쉬는 존
재감까지 느끼게 된다. 그럴 때 종교인들이 느끼게 되는 환희심
은 수천, 수만의 기운을 싣게 되므로 그 가치 평가는 엄청난 효

과를 수반한다. 눈에 보이는 유형의 힘이다.

그뿐인가. 국내와 해외를 불문하고 불교성지를 순례하게 되면 그 압도하는 위용은 잠시 숨을 멈추게 하는데 그곳 성지에서 전달되는 환희로움은 그야말로 법열法悅이다. 그러니 사람이 갖는 의식의 범주는 무한하다 할 수 밖에. 더욱이 대중大衆이 뿜어내는 장엄의 에너지는 운집雲集이라는 말에 조금도 부족함이 없다. 구름처럼 모여들어 하나의 힘을 발휘하게 될 때 발현되는 장엄은 숭고하기까지 하니 말이다.

어쩌면 거리에서 대규모집회를 한다거나 선거철이면 행해지는 선거운동은 그러한 기운을 한데로 모으는 기반이 아닌가 싶다. 그러나 뭐니 뭐니 해도, 구족계 수계를 받던 날의 '장엄'은 그 모든 장엄의 백미로 꼽힌다. 수 백 명의 사미, 사미니승이 어엿한 비구, 비구니로써 태어나는 날로 그날의 환희심과 수계도반들에게서 느끼던 '장엄의 공덕'은 지금도 의식의 저변을 떠나지 않는 내 승려생활의 튼실한 기반이다. 조계종 비구라는 자부심을 부여받던 순간이었기에 가슴에서 요동치던 설레임은 물론 한 자리에서 대중의 기운을 느낄 수 있었던 그날의 환희법열은 한참의 시간이 흐른 지금에도 내겐 꺼지지 않는 '등불'로 자리하고 있다.

메마른 겨울이 끝을 보이는 시절이다. 다시 봄이다. 이 봄에는 꽃도 바람도 사람까지도 여느 해 보다 귀하게 올 것이다. 그 모두의 '장엄'을 엄숙히 받아들이는 정중한 봄을 호흡할 테다.

5장

화합과
원융살림

　　　　　　　　　대중살림으로 모티브를 그려내
는 승가공동체의 생활은 처음도 나중도 '화합'이 우선이다. 그
러니 화합을 이뤄 끝까지 함께이어야 하는 건 부동의 이치이다.
바로 그런 공동운명체의 또 다른 그룹이 군대일 것이며 그 보다
작은 규모의 그룹이 사회집단 속의 관계일 것이다.

얼마 전, 우리 국민 모두는 주권을 행사하는 투표를 통해 국가
행정의 수장인 대통령을 선출했다. 대통령이 탄생하기까지 우
리들은 너무도 다양한 사건들을 접하며 한시라도 빨리 선거가
끝나기만을 기다렸다.
이유인즉, 선거기간동안 봐야 했던 볼썽사나운 사건들과 망발
등 상식 밖의 언어들이 횡행하던 장면들을 마주하며 그것을 선
거운동으로만 관망하고 편히 소화하기란 여간 힘든 일이 아니

었기에 그러했다.

물론 선거란 반드시 상대편이 있어야 선거가 성립되는 것인데, 이번 선거에서는 이전에 없던 장면들이 노출되어 감당이 어려운 지경이었고 지켜보는 국민들 입장에서는 속을 쓸어내리거나, 안도의 한 숨을 쉬어야 하는 날들이 얼마나 무수했는지 모른다.

각설하고,

난, 이번 20대 대통령선거에서 부처님의 정신을 떠올려야 했다. 자비를 내세운 관용의 정신으로 지혜를 앞세워 현명한 판단을 할 줄 안다면, '네거티브로 점철된 선거를 보다 신사적인 선거로 이끌 수 있는 텐데…' 라는 아쉬움을 날마다 TV뉴스 창을 보며 되 뇌이고를 해야 했었다.

우리 불교집안에서는 두 말할 나위 없는 것이 '화합'을 최고 덕목으로 꼽는다. 오죽했으면, '절집에서는 대중이 원하면 소도 잡는다.'는 말이 있을까마는 그만큼 화합정신을 높이 사는 건 승단의 목적과 취지, 승단이 어떤 모습으로 살아야 하는지를 시사하는 대목일 것이다.

작게는 한 스승을 중심으로 사형사제들 간의 우의, 넓게는 전 종도들을 아우르는 하나 됨이 화합의 축이 된다.

나에게도 나의 스승님을 중심으로 사형사제들이 있다. 우리들역시 출가하여 새로운 부모와 형제를 얻은 셈이다. 스승님은 초심 출가자 시절부터 사형사제 간의 우의를 강조하셨다. 마치 속가 부모님께서 유년시절 "형과 늘 우애 있게 지내야 한다."며 당부하시던 말씀과 다르지 않았다. 또한 출가자라면 사상이 중衆사상이어야 함을 늘 강조하셨다. 그것은 회색 옷을 입는 순간부터 각인되었던 가르침이기도 하였다.

그렇듯 우의를 이어가기 위해서는 무엇보다 '나'를 버리고 '우리'로 살아야 한다. '우리'는 공동운명체를 형성하는 가장 기본정신이다. 그것은 화합을 하게 만들어주는 기본 바탕이다.

그러므로 자칫 실수를 범했거나, 알지 못하는 '나'가 올라왔을 때도 있었을 테지만 난 언제나 '우리'를 잊지 않으려 애써 왔다. 그리고 그 정신은 앞으로도 변해서는 안 되는 지침이자 덕목이라고 생각한다.

세간에서도 다르지 않을 것이다.

한 가정은 부모를 중심으로 형제간의 우의가 좋아야 다른 일에서도 좋은 기운을 받게 된다. 그것은 가화만사성家和萬事成이라 하여, 예로부터 집안이 평화로워야 모든 일이 원만해진다는 내용으로써 지금껏 불변의 이치로 전해오고 있다.

사찰에서 역시 비켜가지 않는다. 불자 한 사람, 한 사람의 지혜로운 품성이 모여 사중의 분위기를 만들게 되므로 그 또한 가풍이 된다 하겠다.

우리 절 역시, 용성 조사님과 만해 한용운 스님의 애국사상이 자리 잡은 불교 종갓집 가풍과 승풍을 잇고 있는 곳이다. 일찍이 자신을 희생하면서까지 사찰의 명맥을 잇게 해 주신 어른 스님들을 떠올리면 언제나 가슴이 뭉클해진다.

그런 까닭에 잠시도 허투른 생각으로 살림에 임해서는 안 된다
는 다짐을 아침을 여는 시간이면 꼭 하게 된다.

그렇다. 생각은 행동으로 나타나고, 그 행동은 습을 만들게 되
니, 한시도 놓쳐서는 안 되는 것이 이 대중살림의 의식이 아닐
까 한다.

국가의 통수권자가 바뀐 시절, 모두가 여망하는 나라를 함께 만
들었으면 한다. 오늘, 우리 절의 대중은 어떤 것을 바라고 있는
지 신중하게 살펴봐야겠다.

6장

시들지
않는

꽃

소수의 건강한 힘이 우세할 때
가 있고, 다수의 보편적인 의견이 지배할 때도 있다. 국가를 운
영하는 힘 또한 소수의 건강한 두뇌들과 다수의 보편적 의식들
이 조화롭게 하모니를 만들어 국운을 결정짓게 된다.

1700년의 불교 역시 그래왔다. 석가모니 부처님을 시작으로 십
대 제자들과 그 아래 33 조사스님들에 이르기까지 장구한 역사
를 거치며 우수하고 탁월한 이론들이 살아남아 현재의 불교세
를 형성한 것이다.

우리 대각회 역시 다르지 않았다. 독립운동의 발상지이면서 구
국의 정신을 불태운 만해 한용운 스님과 용성 조사님은 이곳 대
각사에서 후대에까지 이어질 애국의 꽃을 피우게 된다.

짐작이나 하셨을까. 용성 조사님의 각별했던 민족정신과 불교

사상이 100년이 흘러서도 변함없는 역사를 일궈놓게 될 줄을. 용성 조사님을 위시한 스님들이 주도한 독립운동은 나라의 안녕을 기원하는 동시, 불교를 융성케 하는 커다란 바람이었다. 그렇듯 스님이 일궈놓은 애국 의지는 대각회가 조계종단의 종갓집 역할을 하는데 기여한 바가 지대하다.

하여, 100년을 훌쩍 넘긴 지금의 우리들은 「용성선원」이라는 편액을 걸었고, 그 아래를 수도 없이 넘나들며 신심을 증장시키고 애국심을 점검한다. 후대의 우리들에게 주어진 선인들의 노력이 준 대가이다. 여전히 꿈틀대는 후학들의 전유물인 셈이다.

종종 전통이 깃든 사찰을 찾을 때가 있다. 국보와 보물 등 문화재를 보유한 사찰들에는 역사가 숨 쉬고 있다는 사실을 단박에 느끼게 된다. 어느 이름 모를 화공의 손끝에서 시작된 내벽의 불화와 멀리서 동경에만 그치던 문화재를 배경으로 인증 샷 한 컷을 남기는 일은 오늘을 살고 있는 우리들의 몫이 된 게 사실이다.

최초의 목조건물 혹은 처음이라는 수식어로 기록된 건조물을 통해 우리는 장인의 숨결을 느끼게 되며, 무한특혜 속에서 영원히 존속될 가치경쟁을 도모하고 있는지도 모른다. 바로 잠들지 않는 꽃을 바라고 있다 하겠다.

그렇게 무정물에까지 깃든 영원성을 우리는 막연히 기대하며 내일을 다시 맞는다.

그뿐인가. 폐사지를 가보면 더 많은 에너지를 느끼게 된다. 수백 년을 끄덕 않고 자리 보존하고 있는 석탑, 석등 혹은 돌무덤에 이르기까지 역사의 흔적을 간직한 채 고고히 자태를 자랑하고 있는 걸 보게 되는데, 후대의 사람이 되어 현장을 누비는 우리들에게 주어진 과제를 엄중히 점검하지 않을 수 없다. 이름하여 '역사의식'이라고 할 수 있는데, 불제자로 살아가고 있는 입장에서는 큰 책임감과 아울러 의무감도 적지 않다. 반드시 새기고 챙겨야 할 현안이다.

그러나 더 큰 자산이 있다. 무형의 자산인 오랜 불자들의 신심이 그것이다. 견뎌온 세월만큼 보고, 듣고, 기억하는 것들이 몇 곱절이겠으나 어떤 외풍에도 흔들림이 없다는 사실이다.
종교 활동 또한 사람들이 하는 일이며, 구성원 역시 다양한 계층으로 어느 것 하나 통일됨이 없음에도 그들 집단의 결집력과 운집력은 가히 놀랍기만 하다.
그들은 첫 째도 부처님, 둘 째도 부처님, 그리고 마지막도 부처님이다. 그러니 법을 전하는 스님은 말할 나위도 없고, 사미·사미니, 행자까지도 '스님'으로 당당히 예우를 한다. 그것이 변하지 않는 신실함이며 불종자를 발아시킬 저력이다.
어찌, 살아 있는 꽃만을 시들지 않는 꽃이라 말할 수 있으랴.
의연하여 변함없는 신심이야말로 '시들지 않는 꽃'이 아니고 무엇이겠는가. 그 으뜸의 의식들 속에 내가 있고, 우리가 있다. 부처님이 가르쳐 준 살림의 출발이다.

7장

회향回向의
즐거움

나의 노스님은 웬만한 불자라면
다 알 법한 불심 도문 큰스님이시다. 스님은 현재 법랍 70세, 세
수 89세로 여전히 남다른 건강을 자랑하고 계신다.

스님은 전북 장수 태생이다. 그러므로 지금도 막역한 이들과 이
야기를 나누다보면 "그려? 안그려!" 라시며 전북 특유의 어투로
상대의 의사를 묻곤 하신다.

그런 큰스님은 용성 조사님의 '아난' 이라 불릴 만큼 용성 조사
님의 유훈실현에 신명을 바친 종단의 원로이시다. 동헌 조사님
을 은사로 출가한 큰스님은 1983년 은사스님이 입적하면서 부
촉한 뜻을 이어 지금껏 실천하고 계신 법손이시다.

큰스님의 이야기를 하는 것은 스님의 남다른 실천력을 찬탄하
고픈 마음에서이다. 실로 변치 않는 의지로, 불교적 소명의식으
로 유훈 실천면에서 모범이 된 분이기 때문이다. 그렇듯 큰스님

은 은사스님을 기리기 위한 불사와 가야, 백제, 신라불교의 전
래지에 불사를 하여 성역화 한 이력을 갖고 계실뿐더러 해외에
는 네팔 룸비니의 국제사원 구역에 대성석가사를 건립해 경전
과 조사어록도 100만권 이상 배포한 이력을 갖고 계신 분이다.

그런가 하면, 큰스님의 시봉인 나의 은사 보광 큰스님은 종단 호
계원장을 맡고 계시며 동국대 제 18대 총장을 지내셨다. 스님은
일찍이 일본 붓교대학원에서 문학을 전공하여 박사학위를 취득
하셨으며 현재까지 대각회 이사장을 맡고 계신다.

은사스님 역시 나에겐 큰 지남指南이 돼 주고 계신 어른이다. 스
님은 언제나 당신의 은사이신 큰스님을 극진히 시봉하셨다. 함
께 공양을 드시며 큰스님 말씀을 귀 담아 들으시는 모습에서도,
모시고 원행을 떠나시는 모습에서도 난 언제나 어른을 '시봉'
하는 '시자侍者'의 모습을 발견할 수 있었다. 은사스님 역시 세
수 육십을 넘기고 계셨음에도 그러했고, 세수 칠십을 훌쩍 넘긴
지금도 큰스님을 극진하게 시봉하는 은사스님을 뵈면 내가 가
야 할 길을 거울처럼 보여주고 계신다는 생각이다.

이제 나 또한 은사스님의 '시자'를 더 제대로 살아야 하는 나이
이다. 지금보다 젊었던 시절에는 인연 따라 소임을 사느라 스님
시봉을 하지 못했고, 그 이전에는 나의 공부가 무엇보다 시급했
기에 전혀 은사스님을 시봉하는 일은 엄두조차 내질 못했었다.
그러나 나의 나이가 조금씩 보태짐을 실감하며 은사스님을 보
는 나의 시선이 훨씬 따뜻해지고 있음을 불쑥 느끼게 되었다. 이
는 마을의 부모를 섬기는 일과 다르지 않은 의미였다. 세수가

더해진다는 것은 비로소 아랫사람으로부터 시봉을 받아야 하는 때라는 사실을 나 또한 그렇게 피부로 느끼고 있었던 것이다.

자식은 태어나 스무 살이 될 때까지 부모의 그늘 아래에서 보호받으며 성장한다. 그리고 성장을 거듭한 자식이 불혹이 넘고, 지천명을 넘기게 되면 그 부모의 그늘을 스스로 만들어 드려야 함을 우리들은 잘 알고 있다. 그것이 사람됨의 도리이고 삶의 이치이며 인류사의 거스를 수 없는 원칙인 것이다.
나 또한 그 법칙을 거스름 없이 이행해야 하며 기실은 행한다는 생각조차 일으키지 않을 만큼 절로 살아야 함을 알고 있다.

불자들의 신앙심과 실천 역시 그래야 할 것이다. 초심의 불자로 출발하여 수 십년을 부처님 외호하며 살았다면, 그때부턴 새롭게 인연된 초심의 불자들을 안내해주는 좋은 안내자가 되어야 하며 익힌 것들을 회향하는 진정, 회소향대廻小向大의 삶을 살줄 알아야 한다. 즉, 작은 것을 통해 큰 데로 나아간다는 뜻이다. 얼마나 아름다운 도리인가. 넉넉하게 내어주고 더 크게 품어주는 이치를 바로 알아 실천한다는 것이.
오늘, 그런 선행의 법향을 전하고 싶다. 나로부터 시작되는 회향의 즐거움을 진정으로 느끼며 살아야 할 일이다.

8장

연등에
걸린

서원

부처님오신날이 보름 여 앞으로 다가왔다. 우리 절 법당에도 도량에도, 그리고 거리마다 연등의 물결로 넘실대는 풍경은 장관이다. 연등은 밝은 낮 보다는 어둠이 내린 저녁시간에 제 빛을 발한다. 어둠 속에서 빛을 밝히는 연등을 보고 있노라면 미처 벗겨지지 않은 무명이 벗겨지는 것만 같고, 세상을 이끄는 안내자도 이와 같으리라는 생각이 훅 스친다.

유년시절과 학생시절의 기억 속에도 유독 빛나던 연등이 있었다. 도량을 장엄하면서도 동시에 거리를 가득 메운 연등의 행렬은 언제나 신심을 일으키게 하는 동기였고, 인연 없는 이들에게는 인연을 이어주는 아주 좋은 매개였다.

재적 사찰의 소속감이 두어 배쯤 되는 마음으로 연등을 들고 행

렬을 하노라면, 어디서 그런 가슴 뭉클한 신심이 올라오는지 형
언할 길이 없을 정도였다. 함께 행렬에 동참한 친구들과도, 더
러 부모님과 함께 한 행렬에서도 그렇게 난 부처님이 보낸 행동
대장과도 같은 역할을 하고 있었다.

가장 앞쪽 열에 서 있을라치면 학급의 반장 계급장을 단 것만 같
은 자부심이 하늘을 찌르는 듯했고, 뒤를 잇는 서열이 길면 길
수록 그 환희심은 밤새 수그러들 줄 몰랐다.

바로 그 시절에도 나의 서원은 부처님의 가르침을 실천하는 사
람이었고, 조금 더 성장한 청년시절에는 더 구체적인 바람이 꿈
틀대고 있다는 사실을 나의 세포마다에서 느낄 수 있었다. 그것
이 내가 부처님 전에서 먹는 마음이었고, 변하지 않을 서원이 분
명했다. 그러니 한 생각 바른 일으킴을 내는 일이 얼마나 커다
란 내일을 예고하는지 알아버린 셈이다.

출가자의 신분이기에 난 신도 분들의 축원을 하면서도 그 원願
을 가장 소중히 여긴다. 복을 구하고, 출세를 바라는 서원이기
에 기복祈福이라고 얘기할지 모르겠으나 모든 종교의 출발은 그
곳에서 시작된다. 그러므로 난 신도 분들의 서원에 가장 정중한
마음을 담아 발원을 하곤 한다.

모르긴 몰라도 먼저 사신 선지식들께서도 그 마음은 다르지 않
았을 것이라 가늠된다. 이는 신심 발현의 시작이기에 거기에서
자기 수행도 이뤄지고, 나아가 진정한 공부인으로의 옮아감이
가능한 까닭이다.

올해, 부처님오신날 봉축 표어는 '다시 희망이 꽃피는 일상으로'이다. 지구촌 인구 모두가 일상을 잃어버리고 살았다. 적어도 두해를 훌쩍 그렇게 살아냈다.

난 그 모든 주인공들을 위한 연등을 밝힌다. 아파서 많이많이 울었을 주인공, 본인도 다르지 않다며 한 표를 꺼내들 주인공, 재기를 꿈꾸는 주인공을 위한 진심어린 서원을 적어 축원을 아끼지 않으려 한다. 그것이 일체중생을 위한 일이다.

코로나 19라는 긴 터널을 빠져나가는 때, 그 터널에서 마주했을 흙먼지며 어둠이라는 장애까지 나의, 우리들의 힘으로 털어내고 벗겨줄 수 있어야 한다. 그 또한 부처님께 받은 시은이고 작으나마 밥값을 하는 일이 된다.

그리곤, 공부인으로 옮아가는 이들을 더 따뜻이 품어 안을 수 있어야 한다. 다소 지쳐하는 이들에게도 연등에 불 밝히듯 환한 법등 밝혀 길을 열어주고, 어쩌다 넘쳐 헤매이는 이에게도 아낌없는 밝은 등 들려줄 수 있어야만 한다. 그것이 부처님의 제자로 수기를 받은 약속 이행이다.

도량을 밝힌 오늘밤의 연등이 유독 밝다.

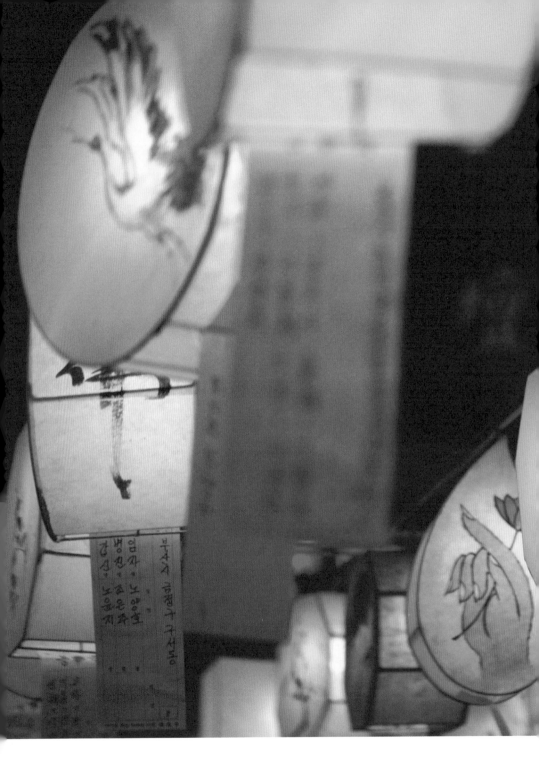

9장

시줏물
(공양물)

승가에서는 시주받는 공양물에
대하여 큰 마음으로 감사하며 살아간다. 그것은 승가가 유지,
존속되기 위해서는 누군가의 시주가 있어야 하는데, 그 시줏물
은 절로 얻어지는 것이 아닌 까닭이다. 대개는 재가불자들의 경
제활동을 통해 공양을 받게 되므로 그들 모두의 삶을 통한 노동
의 댓가이거나 노력의 산물이 결국은 승가에 당도한다고 보면
옳다.

예전, 승가대 시절 강사스님으로부터 들은 얘기는 내 승려생활
에 두고두고 지남指南이 되고 있다. 이야기는 이렇다. 한 노인이
시줏물을 머리에 이고 깊은 산중의 암자로 오르는데, 흘러내려
오는 냇물에 상추 잎이 떠내려 오더란다. 그 상추 잎을 발견한
노인은 "아, 이 산중의 암자에는 먹을 것이 넘쳐나는구나. 그렇

다면, 이 암자에 시주를 할 이유가 없지."라며 계곡을 내려오려
는데, 숨 가쁘게 한 스님이 뛰어내려오는 것이었다. 스님은 냇
물을 따라 떠내려가는 상추 잎을 찾으러 온 것이었다. '아, 여기
에 있었네!' 라며 상추 잎을 찾아들고 올라가는 거였다.

그 광경을 본 노인은 "그럼 그렇지, 저런 스님들이 수행하는 암
자에 공양을 올려야 마땅하지" 라고는 그 암자의 스님에게 시주
를 했다는 전언이다.

어찌, 오래 전의 구전으로만 여길쏘냐. 이는 세월이 흘러도 새
겨야 할 승려로써의 지침이며 한시도 떼놓고 생각해서는 안 될
승가의 도리이기도 하다.

새중 때나 지금이나 나에게도 신도님들이 공양해준 것들이 무
수하다. 어느 것 하나 재가불자들의 보시에서 자유로울 수 있는
것이 없다. 이를테면 의관을 비롯하여 생필품으로 쓰는 것에 이
르기까지 보시 받아 사용하는 것이 무루無漏하다. 그런 시줏물을
받아쓰는 소납으로서는 반드시 감사의 마음을 갖고, 그 마음은
기도로 축원하고 더 크게 회향하는 수순을 잊지 않으려 한다.
그것이 걸식乞食하며 살아가는 승려로서의 덕목이다.

가만히 떠올려본다.
'재가불자들에게는 어떤 법문으로 이런 감사의 보시에 답을 해
드려야 할까.' 라고. 즉답으로 전해져오는 것이 '무외시無畏施'
이다. 불교에서는 세 가지 보시가 있다. 재보시財布施라고 하여

재물을 보시하는 것을 말하며, 법보시法布施라고 하여 책이나 경전을 통한 보시를 일컬으며 무외시無畏施라고 하여 두려움을 없애주는 보시를 의미한다.

무외시는 그야말로 자비행이다. 중생을 불안과 공포에서 무유공포無有恐怖로 이끄는 가르침을 의미한다. 이는 지금과 같은 코로나 시국과 그로 인한 개인적 고립감 등의 공포에서 벗어나게 해 주어야 한다는 가르침이다. 그러므로 스님들이나 불자들 역시 바른 정진을 통해 부처님의 진실한 가르침이 무엇인지 바로 알아야 하며 잘못된 가르침에 현혹되지 않도록 이끌어주는 일도 스님들이 나서 선행先行해야만 한다는 의미에서이다.

더욱이 스님들의 말씀이나 가르침을 잣대로 삼고 살아가는 불자들에게는 반드시 필요한 덕목이 아닌가 하는 생각이다.

조금 더 덧붙이자면,

승가는 재가에 아낌없는 법보시를 해야 한다. 말로써의 의미 전달이 그러하며 글로써의 기록(경전)물 전달이 방편 가운데 하나이다. 어느 대강백 스님의 베풂처럼 끊임없이 만들어 퍼줘야 하고, 아낌없이 내어주어 단 한 사람이라도 감흥을 얻게 하는데 그 목적이 있는 것이다. 이는 아낌없이, 끊임없이 받고 살아가는 승려이기에 그 도리를 거슬러서는 안 된다는 얘기이다.

짐짓 자연에서도 발견한다.

물과 바람, 그리고 수목樹木에 이르기까지 우리는 늘 그 혜택을 누리며 살아가고 있다. 그럼에도 그 은혜를 깡그리 잊고 지낼 때가 너무도 많다.

들판을 초록으로 물들이고 있는 산하를 보면 그 숭고함에 외경심이 인다. 공경하며 두려워하는 마음을 이때는 잊어선 안 된다. 자연이 주는 무한의 시주施主를 우리는 댓가도 치르지 않으며 살아가고 있잖은가.

10장

숲이
주는

즐거움

5월 이맘때의 신록은 천하의 무엇과도 견줄 수 없는 초록의 향연이다. 가로수가 즐비한 흙길을 걷는다든가, 자작나무 우거진 숲을 마주하는 일만으로도 마음은 이미 충만하다. 그러므로 산사에 사는 스님들에게 숲은 이미 구비된 수행의 여건이라고 해도 지나치지 않을 것이다. 모르긴 해도, 선방의 수좌스님들을 향해, "복이 많아 수좌로 사십니다." 라고 건네는 인사에는 그런 일련의 환경도 한몫을 할 터이다.

나는 빌딩숲에서 살아간다. 일주문을 나오면 마주치게 되는 사람의 행렬이 그러하고 큰길 건너 빼곡한 빌딩숲은 자연의 숲이 아닌 '인공의 숲'으로 인사를 해온다. 그 숲에서는 연일 끊이지 않는 확장과 깊이를 논하는 사람의 숲이 있어 구조물의 가치를 창출하는데 크게 보탬이 되고 있다. 그들을 일러 직장인이라고

들 부른다. 그럼에도 그들은 그 빌딩숲에서 살아가는 법을 터득해 참으로 강단 있는 삶을 일궈낸다. 환경이 지배하고 있는 구조이다.

우리 불교집안에서는 무슨 무슨 '산림山林'이라고 하여 경전을 통한, 혹은 법문을 토대로 한 산림법회를 이어왔다. 기실은 3년 전 코로나팬데믹이 우리 모두를 지배하기 전까지는 총림과 교구본사 위주의 대규모 산림법회가 각 사찰에서마다 봉행되곤 했다. 그런 법회 기간이면 불원천리 마다 하지 않고 기도 동참을 위해 달려오는 불자님들이 있어 사원은 사람의 물결로 넘실댔으며 그 광경이야말로 숲을 보는 것만 같았다. 물론 선사들께서 붙여주신 산림山林의 의미가 그 사람의 숲에 방점을 찍은 것은 아니었으나, 경經을 보는 마음이나 그 경을 토대로 한 법회의 현장은 그야말로 울울창창 숲을 능가하는 장면이었으리라.

그중 가장 오랜 전통을 지닌 산림법회가 영축총림 통도사의 화엄산림법회이다. 이는 열반하신 경봉 노스님께서 주창하신 법회로써 통도사와 극락암에서 주로 재가불자들을 모아놓고 법을 펼치시던 것이 시작이었다. 세월이 흘러 스님은 가셨어도 화엄산림법회만은 건재하여 통도사를 대표하는 법회로 대중의 동참이 가장 높은 산림으로 명망이 자자하다.

그뿐인가, 송광사의 경우엔 매년 가을이면 '금강산림법회'가 봉행되는데 법회가 봉행되는 때이면 송광사 대웅전에 무릎을

맞대고 앉는 불자들의 참여가 너무도 흐뭇하다. 법사스님들이 법상에 오를 때마다 환희하며 반기는 불자들의 모습은 부처님이 중생들을 바라보는 양, 갸륵하다. 그렇듯 모여드는 불자들은 산림을 통해 신심을 증장시키며 깊어지고 넓어진다.

오래전, 부산 감로사에서는 자운스님을 모시고 시작한 '3천배참회기도'가 있어 봄날을 대변하는 기도의 대명사였다. 이후 혜총스님이 도량의 주인이 되어 3천배참회기도를 이끄셨는데 비록 산림법회라는 이름을 붙이진 않았어도 그 기도 또한 산림을 능가하는 법회였다. 삼천불전 법당을 가득 메운 불자들의 참여는 법당 밖으로 그리고 삼천불전 위 산신각과 삼천불전 마당까지 가득하여 발 디딜 틈이 없을 정도였다. 그리하여 감로사는 부산 범어사라는 교구본사를 제칠 정도로 단일 기도를 통한 신도 참여가 으뜸이던 시절이 있었다.
그 또한 참회기도라는 이름을 빌린 환희법석으로 산림山林이 분명했다.

어른 스님들의 말씀을 듣거나 혹은 직접적인 참배 기회를 얻어 목도한 그 많은 산림山林들에서도 난 자연의 숲에서 받는 감사한 마음과 즐거움을 곧잘 느끼곤 했다.
결국은 그렇다. 사람이든 자연이든 좋은 무리들의 일렁임은 이로움을 준다는 사실이다. 숲은 엽록소를 뿜어내고 바람을 일으켜 사람에게 혜택을 주고, 좋은 목적을 갖고 모여든 사람들의 움

직임은 좋은 바람을 일으켜 그 바람의 결에 저마다를 기댈 수 있게 해 준다.

그런 바람의 방향을 찾는 일을 우리는 매일 매일 하고 있다. 좋은 바람의 방향 쪽으로 내가 먼저 고개를 돌린다. 좋은 결의 도미노 현상은 나로부터의 시작이다.

11장

참
아름다운
보물,

'도반'

얼마 전, 선배스님의 도반스님
을 만나러 가는 길에 운전을 핑계 삼아 동행한 적이 있었다. 꽤
나 먼 거리를 달려 도착한 산골의 작은 암자에는 선배스님의 행
자시절 도반스님이 혼자 살고 있었다. 스님은 아주 반갑게 우리
들을 맞아주셨다. 도착하여 바로 점심공양을 할 수 있도록 준비
해 놓은 식탁에는 텃밭에서 가꾼 갖가지 채소가 물기를 머금고
스님과 함께 우리를 기다리고 있었다.

그런데, 함께 간 선배스님의 손길이 갑자기 빨라진다. "비빔국
수 해먹자." 뚝딱 뚝딱 한 사람은 양념을 꺼내주고 한 사람은 척
척 비벼내는 것이 마치 운동경기에서 만나는 환상의 복식조 같
다는 생각이 들었다. 곁에서 지켜보는 내 가슴에도 30년 전, 공
양간의 행자도반들을 만난 양, 흐뭇하기 그지없었다. 두둑하게
준비해 둔 채소와 비빔국수, 두 도반스님은 30년 전의 시공 속

으로 나를 데리고 시간여행을 떠나는 것만 같았다.

이윽고 스님은 나를 향해 말했다.

"이리 와서 앉아야지. 뭐 이런 자리에서 내외 하듯 서 있어. 이 정도 함께 살았으면 다 도반이야. 설혹, 재가자가 동석했다 할지라도 긴 세월을 함께 보고 살았다면 도반인거지. 어서 이리 와 앉으서" 라며 두 말이 필요치 않은 열린 생각을 툭 던진다.

한참 아래인 나는 비로소 안심이다.

녹음을 벗 삼은 창가의 식탁에서 국수를 먹는 두 분은 너무도 행복했다.

"기억나나? 행자시절, 행자반장이 했던 말?"

"뭐!"

"야, 행자반장은 방장스님과 동급이다."라고 했잖아.

"기억난다. 기억나. 그래서 난 진짜 방장스님과 동급으로 생각하고 벌벌 떨었잖아. 어찌 그런 표현을 할 생각을 했을꼬?"

덩달아, 얼마나 박장대소를 했던지 비빔국수가 어디로 넘어가는지 모를 정도였다.

이윽고, 두 분 스님은 번갈아가며 풋풋했던 행자시절 이야기로 시간 가는 줄 모르는 눈치였다.

"그때 기억나지? 여름밤에 아랫마을에 놀러나가기 위해 도랑가에 숨어 있는데, 당시 원주 소임을 살던 스님이 트럭을 타고 딱 서더니, '올라와라!' 라시며 간단없이 던지신 말씀. 어찌나 소름 끼치게 찾아내던지. 맘먹고 계획했던 우리들의 밤 외출은 무산이 되고 말았지. 그때의 일탈을 막아주신 스님의 지혜 덕택에 지금의 우리가 이곳에 있는 거야.”

“그 스님, 지금까지도 바깥 살림을 안 하시고 큰절에 사시잖아. 모름지기 그런 공덕들이 모여 스님을 꿈쩍 않고 본사에 사시게 하는 것일거야.

한참 아래인 내가 들어도 고개가 절로 끄덕여졌다. 나 또한 그 어른스님의 존재를 알고 있기에 더더욱 잘 헤아려졌다.

국수공양을 마치고 설거지를 할 시간, 두 분 스님 말씀 나누라고 설거지를 자처하니, “무슨 소리야. 같이 해야지. 우린 그 30년 전에도 늘 함께였어. 한 사람의 행자가 잘못을 해도 열명, 스무 명에 가까운 행자들에게 같이 벌이 내려졌고, 울력을 해도 언제나 같이 했잖아. 그러니 혼자 한다는 소리는 마시게.”라며 오래전 얘기를 곁들이는 거였다.

충분히 납득이 가는 대목이었다.

설거지를 마친 선배스님이 찻잔을 기울이며 다시 말한다.

“스님은 진짜 복이 많아. 그러니 이런 도량에 인연되어 이토록 잘 살지. 공부도 이제는 웬만큼 깊어져 내면의 힘이 감지가 된단 말이야. 가만히 보면 행자때 공양주 산 공덕이 젤 큰 공덕이 되는 것 같애. 근데, 난 공양주는 못살았잖아. 채공까지만 살았지. 다시 태어나면 난 공양주부터 살거야.”라며 공양주의 공덕이 얼마나 큰지를 가늠하게 해준다.

“그랬지. 그땐 ㅇㅇ스님하고 공양주 살며 참 힘들다고 생각했는

데, 비구가 되고 세월이 흘러 보니 정말 소중한 일을 했다는 생
각이고, 윗반 스님들과 원주스님이 그렇게도 감사할 수가 없더
라고."

지천으로 둘러싸인 초록의 도량을 내다보며 두 스님과 나는 시
간 가는 줄 모르고 옛날 얘기로 꽃을 피우는데, 그 시간만큼은
어떤 다식도 필요치 않았다.
살림이 조금 더 넉넉한 산골 암자의 스님이 준 휴대전화 단말기
를 사용하고 있는 선배스님의 모습도, 한학에 눈이 밝아 한시를
가장 잘 본다는 선배스님을 칭찬하는 암자의 스님 성정도 그날
내 기억에는 최고로 아름다운 도반이라는 생각이었다.
먼 거리를 운전해 드린 그날의 따뜻한 감화는 비구로 살아가는
내게 매일 조금씩 꺼내 보는 숨겨둔 보물이 될 것만 같다.

12장

윤리와 도덕,
그리고

발심수행장

학창시절의 교과목 중에는 「도덕」이라는 과목이 있었다. 도덕道德, 그것은 덕행의 길이라 할 수 있으며 사람으로써의 됨됨이를 익히는 과정이라 할 수 있다. 그러나 학습을 하던 시절에는 알지 못했다. 단지 '할 뿐' 이었지, 사람됨의 덕목을 갖춰가기 위한 수업이었다는 사실은 사회인이 된 이후 비로소 알게 되었던 것 같다.

아무튼 도덕과 한 조를 이뤘던 것이 「윤리」였고, 우리의 역사성을 심어주었던 또 한 가지가 「역사」과목이었던 것도 무시할 수 없는 국민의식의 제고였다는 생각이다. 바로 그런 일련의 교과목에는 우리 전통의 효孝 사상이 내재되어 있었고 교과 과정에서는 몸과 마음으로 익히는 습習과 함께 자연스레 인성으로 자리잡아가는 것이 그 교육의 힘이었다.

어른을 알고, 존경하는 마음을 키우며 아랫사람에는 관용을 베풀어 위, 아래 질서가 바로 서게 하는 것이 교육의 본래 취지이다. 그러나 불혹을 넘기고도, 지천명을 더는 이순을 훌쩍 넘기고도 알지 못하는 이가 있어 안타까움을 자아내는 경우도 종종 있는 일이다. 그러니 바로 알아채어 이행하는 모습을 지자智者라 일컫지 아니할 수 없다.

출가사문에게도 그런 과정의 수업이 주어진다. 치문緇門이라 하여 출가자로써 익히고 버려야 할 것들이 일목요연하게 열거되어 있는 공부시간이다. 그 공부 가운데는 계초심학인문誡初心學人文과 야운자경野雲自警을 한데 묶은 「발심수행장發心修行章」을 배우게 하고 있다. 바로 그 원효스님의 발심수행장이 출가수행자들에게는 세간의 윤리와 도덕을 익히는 시간과 흡사하다 할 수 있다.

대중이 모여 함께 살아가는 곳에서는 잠을 잘 때에도, 공양을 할 때에도 지켜야 할 법도가 있어, 대중의 화합을 최우선으로 삼는 규범을 세밀하게 훈습하는 과정이다. 그러므로 어른 스님들께서는 "발심수행장 하나만 제대로 익혀 실천해도 승려생활 하는 데 그르칠 것이 없다."라고 하실 정도였으니 그 지침이 갖고 있는 힘을 우리는 능히 알고도 남는다. 해도 해도 부족하긴 하나, 나 또한 그 가르침에 준한 삶을 살고자 늘 애써 온 편이긴 하다.

엊그제 불교 집안의 큰 행사 중 하나인 '백중'을 회향했다. 선망 부모와 유주무주 영가를 위한 기도는 어쩌면 내 채찍질이기도 하다는 생각이다. 내 안의 해이해짐을 방만하지 말고 살자 라는 다짐이기도 할 것이며 그 날을 계기로 먼저 간 인연들을 떠올리며 입은 은혜, 갚고 새길 것들을 담금질하는 시간이 일 년에 한 번씩 주어진다고 생각하면 옳을 것이다. 결국은 내 참회이고 다짐의 기회라는 것이다.

더불어, 살아계신 부모와 스승, 곁을 지키는 친구, 도반을 떠올리며 진심으로 염려해주는 마음이 이 백중을 보내며 챙겨야 할 덕목인 셈이다.

물론 출가자에게 세속의 연緣은 불필요한 것이라고 배우고 익혔다. 그러므로 출가사문이 되면 속가의 인연을 멀리하고 출세간의 인연을 최우선으로 여긴다. 그렇기에 은사가 되고 상좌가 되는 인연은 떼려야 뗄 수 없는 관계망으로 묶여진다. 그럴 때, 은사는 상좌를 가르치고 지원해주며 상좌가 가는 길에 버팀목이 되어준다. 상좌 또한 은사를 속가 부모를 섬기듯 해야 하고 본인이 성장하여 은사의 나이에 가까워지면 자신이 대접받는 은사가 돼 있을 것이라는 것을 한시도 잊어서는 안 될 것이다.

그러니 은혜를 입거나 은혜를 갚아야 할 존재로 이미 살아가고 있다는 것은 인연의 이름값을 하며 살고 있다는 반증이다. 그렇게 주어진 인연이 까닭 없이 왔겠는가. 인因과 연緣의 결과로 언제부턴가 정해진 길을 멋모르고 왔을 것이며 어렴풋이 알고도 연어들처럼 거스르지 않고 가고 있는 것인지도 모른다.

어쨌건 윤리와 도덕을 도외시한 세간의 삶이나, 발심수행장을
역행하는 출세간의 삶을 사는 어리석음은 범하지 않아야 할 일
이다. 기본을 지키는 삶이 그만큼 어렵다는 얘기이다.

13장

이 공부는
사람을 살리는

공부이어야
한다

이 공부는 사람을 살리는
공부이어야 한다

하안거나 동안거 결제기간이면
인연 있는 스님들이 공부하는 선방을 찾아 대중공양을 하는 것
이 불교집안에서는 오랜 전통이다. 그때면 도반이 되기도 하고,
문중 권속이 되기도 하는 스님을 챙겨보며 공부 하는데 도움이
되게끔 지원을 하는 것이다.

지난 여름 안거에도 난 높디높은 산에 자리한 선방에 대중공양
차, 걸음을 한 적이 있다. 그날 수좌 어른스님과의 차담자리는
다시금 수행처에 깃들어 사는 선사들의 진면목을 알게 해 주는
시간이었다.

"이 공부는 사람을 살리기도 하고 죽이기도 하는 공부입니다.
그런데, 이 공부를 통해 누군가를 죽여서는 안 됩니다. 살리는
공부를 해야 합니다. 말[言]로 사람을 죽이는 게 얼마나 무서운지
모릅니다."며 공부인의 삶을 느낄 수 있는 말씀을 들려주셨다.

어쩌다 유사한 말씀을 들은 기억이 있기에 그날 어른스님이 주신 말씀은 귀를 씻어내는 듯 번뜩이는 한 방의 '할[喝]'구에 다름 아니었다. 나의 자리에 돌아와서도 그 말씀은 쉽사리 가시질 않았다.

잠시, 사판事判의 날들을 떠올려 본다. 이판理判과는 달리 사판事判의 세계는 세간의 인연들과 불가분의 관계망을 형성하며 상생하고 있는 편이다. 더불어 행정 소임을 보며 살아가는 나와 같은 직분의 스님들에게는 출세간의 논리 보다는 세간의 논리를 적절히 대입하여 기도와 염불수행을 이끌어내기도 하며 '동행'의 관계를 유지해 나간다.

그런 길에서 반드시 맞닥뜨리는 순간이 있다. 수행자의 견지에서 볼 것인가? 자연인의 마인드로 볼 것인가? 라는 것이다. 물론 둘 다 합일되면 더 없이 좋다. 그러나 한 쪽을 택해야 하는 경우, 흑백논리도 아닌 혼돈이 올 때가 있기 마련인데, 그런 순간이면 난 늘 양변에 치우치지 않도록, 가급적 서로 이로운 쪽으로 가닥을 잡아준다. 그러면 결과가 다소 부족하게 나온다 할지라도 큰 원성을 사지 않게 된다. 소위 '너'도 이롭고 '나'도 이로운 해법을 도출해내고자 함이다.

가만히 살펴보니, 선방의 어른스님께서 일러주신 '사람을 살리는 공부'를 난 나의 자리에서 이행하고자 나름의 노력을 기울이며 살고 있다는 생각이 인다. 아직도 걸어온 길보다는 걸어갈 길이 훨씬 멀고 깊으나 매일 매일 주어지는 기도와 염불, 수행,

신도님들과의 상생 속에서 부처님의 가르침과 조사 스님들의 법을 좇아 느슨하지 않은 걸음으로 살아가는 방법을 나 또한 터득해 나가고 있는 중이다.

그럼에도 잘 알지 못한다. 어느 구절에서 나의 미욱이 불거져 나왔는지, 혹은 어느 행에서 미처 알지 못하는 우愚를 범하지는 않았는지 점검을 하고 또 할 뿐이다. 그러다보면 어느 순간, 지금의 눈높이 보다 높아진 스스로를 발견할 날이 있을 테고, 현재의 어리석음에서 더 크게 눈 뜨는 순간이 도래할 것이다. 그걸 향상向上이라고 일컫는다.

모든 이들은 좋아지기 위한 삶을 살아가고 있다. 그 누구도 도태되기를 바라는 이는 없을 것이며 오늘 주어진 위치 보다 시시한 삶을 원하지는 않을 것이다. 경제적으로 조금 더 풍요로운 삶을 바라고, 지혜와 지식이 증장하여 내면이 허공처럼 넓어지기를 바랄 것이며 쇠락하지 않은 육신을 끊임없이 유지하고자 노력을 기울일 것이다.

스님들의 수행 여정도 다르지 않다. 공부가 성성하여 뜻하는 바를 이루고 싶으며 성불에 가까워지는 수행자의 면모를 저마다 꿈꾸며 살아간다. 누구도 그 자리에 머물기를 바라지 않는다. 언제나 흐르는 물처럼 중단 없이 흐르기를 바라고, 한 철에 한 뼘씩은 향상의 나래를 펼 수 있기를 바란다. 그것이 진정으로 깎은 이의 자세이다. 출가자가 좋아지는 길은 그렇게 불도를 이루어가는 길에서 이탈하지 않고 앞을 향해 나아가는 삶을 말한다.

그렇다. 내가 좋아지면 주변이 좋아지고, 주변이 좋아지면 전체가 좋아지기 마련이다. 저마다의 자리에서 사람을 살리듯, 불교를 살리는 공부 또한 내가 짓는 것이다. 오늘 갖는 바른 한 생각이 내일을 짓는 일임을 잊지 않으려 한다.

14장

요동치지 않을
신실함으로

바른 소임을
살겠습니다

온전한 수행을 약속하며 출가

수행자의 길에 들어선지 벌써 30여 년의 세월이다. 공부를 위해

나선 길이다. 그 공부길에서는 활자화 된 것들을 익히는 외전外

典 수업은 차 순위가 된다. 오롯한 내 마음을 관하는 일이 우선

되어야 하며 그 선순위의 수행을 온몸으로 익혀야만 비로소 어

렴풋이 '장판 때'라는 것이 묻어난다. 수행자다운 면모가 보인

다는 말이다.

그러나 수행의 길에서도 시절에 부합하는 방편이 주어진다. 포

교이기도 하고, 행정업무이기도 하며 염불수행, 참선 등 무수한

수행항목들이 있어 인연 따라 꽃을 피워낸다. 나에게도 그런 시

간들이 통과의례처럼 순서를 달리해 찾아들었다.

해병대를 지원해 군복무를 할 때는 해군법사로써 신행활동과

군 생활을 동시에 펼쳤으며 총무원을 위시해 인연력이 미치는 곳에서의 소임들은 내 수행의 길에서 스스로의 보폭을 넓히는 경험이 되었다. 내게 주어진 삶의 확장이라는 사실을 지나고 보면 여지없이 확인하게 된다.

나에게 2022년 임인년은 특별한 해이다. 도심 속의 오랜 역사를 지닌 포교당 대각사의 주지 소임을 맡은 지 만 2년을 넘긴 해이며 당당히 중앙종회 의원으로 입문을 한 해이기도 했으니 말이다. 그렇다고 하여, 내가 얼마나 큰 능력을 갖고 있냐 하면, 그렇지도 못하다. 그저 시절 인연에 순응하며 살았고 무엇이든 주어지는 대로 최선을 다하고자 했다.

대각사의 주지 발령을 받았을 때에도 책임자로 산다는 생각을 미처 하지 못했으며 더욱이 역사를 간직한 도량의 소임자가 된다는 것은 예상하지 못한 일이었다. 감사할 따름이었다. 그리고 맡은 바 소임에 최선을 다하리라는 다짐이었고, 방치되다시피하여 오랫동안 퇴락한 전각을 일신하여야 한다는 판단이었다. 더는 오랜 인연의 불자님들을 다시 대각사로 돌아오게끔 하는 데 주지로서 노력을 기울여야 한다는 각오였다.

마음을 다해 하루, 하루를 기도로 일관하며 살았고 절을 찾아오는 불자님들에게는 나의 부모님을 모시듯 했다. 남녀노소를 불문하고 마음으로 모시니, 진심은 통했다. 간단한 축원기도를 참여하러 온 불자님이 나의 기도와 진심이 담긴 법문을 듣고 감화되어 천도재를 모시는 일을 마음 내는가 하면, 노후 되고 퇴락

한 전각에 승강기를 구축하는 불사가 시급하여 불사를 시작하니, 너도 나도 앞 다퉈 동참을 이어갔다. 그렇다보니, 불사 중에 감수해야 하는 소음도 거뜬하게 참아낼 수 있었고 대중 모두에게 편의를 제공하는 결과를 가져왔다.
그 결과 독립운동의 역사를 지닌 도량답게 전각은 더 당당해졌으며 신도님들 또한 오랜 역사 속을 유영하는 느낌이다.

앞에서 언급했듯이, 난 무엇보다 시절인연을 소중히 생각한다. 그리고 순리를 따르는 편이다. 하여, 문도 스님들께서 결정 내려 주신 뜻을 따라 종회의원 출마를 했고, 초선의원으로 배지를 달았다. 그러나 입법기관의 역할을 하고 있는 중앙종회에서 내 뜻을 개진하는 일이 아직은 서툴기도 하며 경험이 일천逸賤하여 염려되는 부분이 더 많으나 지금껏 살아온 승가로써의 삶을 기반으로 흔들림 없는 소임자의 길을 가려 한다.
그리고 그 어떤 상황에서도 하심하는 마음을 이어갈 것이며 대중의 화합과 전 종도의 안위를 위한 길을 가려 한다. 그것이 부처님께서 재세시 펼치셨던 하화중생의 가르침일 것이다.

이제 가을이 가고 겨울이 도래할 것이다. 무성했던 잎새가 자취를 감추고 서설瑞雪이 세상을 덮는 겨울이 금새 당도할 것이다. 드러내지 않는 것들의 생명을 소중히 여기는 사람으로, 빛나지 않아도 도닥여 줄줄 아는 출가 수행자로 내게 주어진 길을 정중히, 묵묵히 걸어갈 테다.

그리고 한시도 소홀하지 않을 '밥값'을 대중을 향해 실천할 것
이며 스스로에게도 부끄럽지 않을 승가의 뒷모습을 만들어가고
싶다.

바람이 차다. 겨울이 가까운 시간이다.

15장

납월에
보내는 편지

동지冬至를
맞고 보내다

옛 어른들은 동지冬至를 기점으로 한 해의 끝과 한 해의 시작을 얘기했다. 글자 그대로 '드디어 겨울을 맞고 보낸다.'는 의미이기도 하다.

동지를 보내며 나 역시 지난 한 해를 되돌아본다. 여전한 코로나팬데믹 속에서도 한 치 물러섬 없이 기도를 했고, 더 지극한 마음으로 사부대중을 위한 발원을 했다. 동참하는 신도님들 역시 나를 능가하는 신심으로 기도를 한 한해였다.

개인마다에게는 원願이 있고, 저마다 참회懺悔가 있을 것이다. 그것은 사유가 가능한 이들이라면 등식처럼 항상하는 마음이다. 바로 그 서원을 성취하는 일념으로 기도에 임했을 것이며 지나온 시간들에 참회의 마음을 쏟아냈을 터다. 얼마나 많은 울분이 가슴팍을 스치고 갔을 것인가. 그리고 얼마만큼의 생채기를 오늘도 치유하며 살고 있을지 난 알고 있다.

한 분, 한 분 신도님들을 만나보면 정말로 다른 살림살이가 느껴진다. 가족의 건강문제로 노심초사 하는 분이 있는가 하면, 자녀의 진로문제로 벙어리 냉가슴 앓듯 하루하루를 살아가는 분들이 있다. 어디 그뿐인가. 경제적인 난관에 봉착하여 진퇴양난의 순간에 맞닥드린 분들에 이르기까지 무수한 사연들이 대각사의 법당 문턱을 들고 난다.

종교는 자신의 내면세계를 찾아가는 여정을 일컫는다. 그 여정에서 만나는 장애는 수두룩하다. 그것이 바로 개개인의 고충으로 색깔을 달리하여 찾아오는 것이다. 그러나 찾아든 고충을 안고 서성이기만 한다면, 그것은 불자가 아니다. 불교인은 어떤 사안에 맞닥뜨리게 되면 이내 마음을 돌려 지혜를 꺼내 쓸 줄 알아야 한다. 서성이다보면 기회는 영영 주어지지 않는다. 깊이 관조하고 더 깊이 참구하여야 한다. 그러면 방향이 생긴다. 그것이 수습이다.

삶은 우선이 있고 차선이 있다. 최선을 다하고도 미치지 않을 때는 차선의 방안을 강구하면 된다. 그것이 결론적으로는 우선 선택보다 더 탁월한 결과를 가져다주기도 한다는 것을 경험해 본 이들은 안다.

수많은 인생의 시험 앞에서 패배의 잔을 들어보지 않은 이가 없을 것이다. 태어난 모든 생명들은 결국 죽음에 이르는 큰 여정인데, 그 과정은 정말이지 천변만화千變萬化이다. 비슷한 개체들이 모여 동년배가 되고 친구, 동료가 된다. 그 숱한 인연들은 본의 아니게 경쟁을 해야만 하는 구조 속에서 평생을 살아가게 된다. 상처 받고 격려하며 더러는 아픔을 나누며 성장하기도 하는 것이 다반사茶飯事이다. 그것을 누가 있어 겪지 않고 살아갈 수 있단 말인가. 내가 겪고 경험하다 보면 조금의 지혜가 쌓이는 것이 너나 없는 삶의 등식일 것이다.

우리가 믿고 따르는 부처님의 가르침은 늘 지혜와 자비, 복덕을 구족하는 쪽으로 안내한다. 적어도 사원寺院의 문턱을 넘고 들어온 이라면 그 좋은 가르침에 다가가고자 노력하지, 반대의 길을 좇아가려 하지 않는다.

믿는 마음은 그런 긍정의 기운을 일으키게 하는 원천이다. 그러므로 언제나 중요한 것은 그 오롯한 한 마음이다. 그리고 뒷받침 되어야 하는 것이 진심을 담은 기도이다. 중단 없는 기도가 그 마음을 받치게 되면 발원하는 것들은 어느새 내 것이 되어 이로움을 준다. 그러니 무엇을 탓하고 원망하겠는가. 내가 지어 내가 받는 것이므로 원인과 조건을 벗어나는 일은 없다는 얘기이다.

그럼에도 복이 다하지 않으면 악한 이도 복을 받는 경우가 있고, 선한 이도 악한 인연을 만나지는 경우가 있다. 이 도리를 안다면 내일의 삶이 조금 더 편안해질 것이다.

주지인 나 역시 다르지 않다. 기도를 하고 염불을 하며 산다고
하여 좋은 일들만 만나지는 게 아니다. 세상은 순리대로 생겨나
고 순리에 따라 멸하게 되어 있다. 그 도리를 한 해를 보내는 시
점에 좀 더 깊이 들여다본다.

미처 챙기지 못한 일과 놓치고 챙겨드리지 못한 소소한 것들에
도 송구한 마음을 보내는 시간이다. 그것이 사람이기도 하고
'사람의 일'이기도 하기에 정중하고 또 송구한 것이다.

납월에 많은 분들에게 보내는 참회의 연서戀書이다.

16장

동업중생
으로서의

새해
다짐
여럿

사람은 과거생의 업을 바탕으로
산다고 한다. 그 일이 좋은 일이건, 상대적으로 좀 낮은 일이건
과거생 지어 놓은 대로, 혹은 해 왔던 업식에 따라 현재의 삶이
주어진다는 얘기이다. 물론 이런 얘기에 반론을 제기하는 분들
도 없지 않을 것이다. 누구나 관점이 다르고 이념이 같지 않기
때문이다.

문득 전생의 내 모습을 떠올려 본다. 어떤 인연의 카테고리 속
에서 살았기에 부처님의 제자로 살아가고 있는지 궁금해질 때
가 제법 있다. 그런데 모르긴 해도 '독살이'를 하지는 않은 게
분명하다. 대중 가운데서, 혹은 군중 속에서 훈련된 삶을 살지
않았을까 하는 추측이다. 그렇지 않고서야 어찌 유년시절부터
제복을 입고 살았을까 말이다. 유치원, 학창시절 그리고 군법사
로 산 시간과 승단의 일원이 되어 법복을 수하고 사는 지금의 모

습까지 어느 하나도 제복 아니었던 때가 없었던 것으로 기억되니 말이다.

대각사 주지 소임을 살고 있는 나에게 두 번째, 세 번째, 네 번째 소임으로 주어진 것이 중앙종회의원이며 군종특별교구 부교구장, 중앙승가대학교 총무처장이다. 최근 새롭게 맡게 된 몇몇 소임들은 사실 부족한 내 살림을 보완하고 승단의 결속을 위한 중책임을 알고 있다. 일은 참여하며 배워나가는 것이 가장 건강한 삶의 형태이다. 참여 없이 이론만을 전달하는 것은 반쪽짜리에 다름 아니다. 특히 사람 관계를 벗어난 일은 없다. 그 관계가 전부라고 해도 과언이 아닌 것이 우리들 삶이다.

그러므로 종단의 의결기구에서 주어진 역할과 군 포교 분야에서 맡은 소임, 교육기관에서 맡은 중책 등 다양한 업무를 통해 난 전체의 비전을 먼저 생각하고 개인의 영달은 가장 늦게 챙기는 조계종도로서의 도리를 우선시해야 한다.

그러나 일을 도모하는 과정에서 겪게 될 이견이라든가, 불균형은 염려하기만 해서는 안 된다. 일련의 과정에서 노출되는 문제들을 어떤 시각에서 인식하고 수습하느냐에 주목할 필요가 있다. 물론 그 역시 단단해지고 내면이 여물어지는 과정임을 지내고 보면 바로 알게 되므로 두려워만 하지 않아도 충분하다.

또한 사람은 사람으로 인해 상처 받고 좌절하지만 역설적으로 다시 사람으로 인해 치유도 받게 된다. 생각을 행으로 옮기고 그것이 이해득실이 아닌 사람됨의 도리임을 체감할 때, 사람 사이에서는 향기가 난다. 사물에서 발견하는 향기가 아닌 행동하는 양식에서 느껴지는 향기이다.

불과 얼마 경험하지 않은 중앙종회에서도 난 스님들을 보며 많은 경험을 쌓고 있다. 분과별 의정활동을 이어가는데 초선, 재선, 삼선 스님들의 모습이 다 다르다. 같은 옷을 입고 있는 듯해도 다른 모습인 것을 의정활동을 통해서도 발견하게 된다.

그것은 군 불교 현장에서도 마찬가지이며 교육의 현장에서도 다르지 않다. 모두 어떤 견해로 직면한 사안을 보느냐가 중요하다.

교복을 입고 학창시절을 보내던 때에도 난 언제나 불교와 부처님을 떠나 있지 않았었다. 어떻게 하면 부처님 곁에 한 발짝 더 가까이 다가갈 수 있을까를 고민했고 실제 그 고민은 불교학생회를 만드는 것으로 원만 해결을 도출해낼 수 있었다. 그리고 군법사로 현역을 살면서도 어떻게 하면 더 많은 군인들을 불교인으로 이끌 수 있을지를 날마다 고민했다.

다시, 조계종단의 출가자로 법복을 수하고 살면서는 수행자다운 모습에 더 가까운 삶을 살고자 노력을 게을리 하지 않고 있다. 최근에 주어진 몇 가지의 소임을 맡은 후부터는 내 첫 번째 소임인 '출가수행자 비구 종원'임을 한시도 잊지 않으려 하며 의결기구의 일원으로서도, 군 불교를 살 찌워야 할 소임자로서도, 더는 교육기관을 외호하는 구성으로서도 유익한 사람으로 거듭나고자 애 쓴다.

제복이 주는 소명의식과 깊은 책임감이 나를 더 긴장하게 한다.

'전심전력의 삶을 살아갈 것이다.' 계묘년 신년의 단호한 서원

이다.

17장

불교
속의

명절

어릴 적 명절이면 한 없이 기뻤
다. 도회지에서 성장했음에도 설날이나 추석이 주는 특별한 감
흥이 얼마나 어린 영혼들을 들뜨게 했는지 난 또렷이 기억하고
있다. 그런 기억들은 유년기를 거치고 청소년기를 지날 때 까지
도 지속되었던 것으로 기억된다.

그러나 성인이 되고 보니, 마냥 즐겁지마는 않은 것이 명절이었
다. 집안 어른들이 갖는 또래들에게 보내는 기대심리와 그 기대
에 부응하지 못하는 부담감은 명절에 뛰어넘어야 할 허들경기
같은 거였다. 적어도 그런 난처한 통과의례를 껑충 뛰어넘을 청
년들은 그렇게 많지 않을 것이다. 진로문제, 결혼문제 등 거르
지 않고 날아오던 질문세례에서 자유로울 수 있는 청년이 몇이
나 될까.

청년기를 넘기며 난 과감한 결정을 내렸다. 군법사로서의 길에

들어선 것은 모든 것을 일시에 잠재우는 최상의 안전장치였다. 기실은 그런 부과이익을 전혀 예상치 못했으나 덤으로 주어지는 호사가 분명했다.

그러나 삶은 비단길만이 준비되어 있는 건 결코 아니다. 도고마성道高魔盛이라고 양변에 걸리지 않는 이치는 없다. 음지와 양지는 공존하며 오르막이 있으면 내리막이 반드시 있게 마련이다. 그렇다고 출가자의 길을 택한 것에 대한 반대급부의 무엇인가가 있었던 것은 아니었다. 어느 울 안에 머문다 할지라도 지켜야 할 도리와 의무가 있으며 어느 조직이라도 일정 부분 강제성을 띄지 않는다면 조직은 와해되어 버린다.

승단의 일원이 되어 '스님'으로 불리어지던 순간부터 내 삶은 아주 간결하게 바뀌고 있었다. 피를 나눈 부모와 가족을 떠나 '말'로 지어진 관계인 스승과 제자가 되고, 사형師兄과 사제師弟가 출가승에게 주어지는 관계망이었다. 비록 출가승이 되었다 하지만 마을에 살며 부모 형제를 챙기고 친인척을 소홀히 하지 않던 관례처럼 우리들 집단 역시 다르지 않았다.
은사에게 자식의 도리를 다 해야 했고 사형들께나 사숙들께도 예의를 갖춰 살아야 했다. 물론 사원의 명절에는 특히 통할을 하며 어른스님들께 세배를 올렸고 도반관계에서도 적잖은 챙김이 필요했다. 그것이 존재하는 이유이기도 했으며 응당 해야 하는 관례였다.

세월은 인위적으로 밀어내지 않아도 가기 마련이고, 있는 힘을 다해 당긴다 할지라도 억지로 오지는 않는다. 그런 시간 속에서 나의 승랍도 30여 년이 가깝다. 어른스님들 앞에서야 입도 떼지 못할 나이지만 나의 분상에서 보자면 적지 않은 세월을 보탠 셈이다. 이제는 세배를 가서 인사를 드려야 하는 어른들도 적잖이 계시지만 그 가운데도 부끄러움 감수하며 세배를 받아야 하는 입장일 때도 종종 있다. 그만큼 불제자로 살아온 '장판때'가 아주 조금 묻었다는 반증이기도 할 것이다.

올 설날을 지내며 나 역시 많은 신도님들과 그분들의 자녀들에게 셀 수 없을 만큼의 세배를 받았다. 당연히 세뱃돈을 주고 짧게라도 덕담이 필요했다. "원하는 공부를 하세요." "시간을 정해놓고 수행을 하는 것이 이롭습니다." "건강하시고 하시는 사업도 번창하시길 예불 때 마다 기도하겠습니다."

그런 덕담에 신도님들은 아주 반가워한다. 그때만큼은 지루함도 없고, 어려운 일도 어렵지 않다. 내가 승가이고, 신도분들은 재가이기에 그 직분이 주는 신뢰관계를 무리 없이 받아들이고 인정하는 체제이다. 그것을 신도들은 덕담으로 간직하며 좋은 기운을 차곡히 쌓아둔다. 마음먹은 대로의 서원이 현실로 바뀌는 여정을 물이 흐르듯 수용하는 모습이다. 어떤 자리에서도 감사함이 이는 대목이다.

달포 전 보낸 설날을 전후로 찾아뵙고 세배를 드린 어른스님들께서는 내게 아낌없는 덕담을 주셨다. "많은 소임을 맡았으니 책임의식을 갖고 더 잘 사시게나." "너무 무리하지 않는 범주 내

에서 종단의 일에 참여함이 어떻겠는가." 등등

말[言語]은 소통의 도구이다. 그리고 말에는 감정 이입이 수반된다. 그 말을 필요한 만큼 하고, 말을 통해 윤활유를 치는 것은 좋아지기 위한 직전 단계이다. 좋아짐을 향해 나아가는 것이 종교인들이 솔선하여 할 일이며 그 종교인들의 길을 따라 걷는 것이 불교인들의 할 일이다.

18장

아름다운

질서

다시 겨울이 봄에게 제 자리를
내어줄 시간이다. 마른 나뭇가지 끝에서 아주 희미하게 연둣빛
이 느껴지는 시간이다. 마당에서 자라고 있는 몇 그루의 나무에
서도 가까운 산길에서도 그렇게 자연은 제 소리를 내며 스멀스
멀 때를 기다리고 있는 모습이다.

그 기특함에 잠시 눈길이 가고 걸음이 멈춰 질 때가 있다. 어린
것들의 작은 움직임이고 숨을 틔우는 풍경이다.

가만히 들여다보면, 생명 있는 것에서든 무정물이든 제 흔적을
남기지 않는 것은 없다. 생명이 있는 유정의 것들이야 두 말할
나위가 없다. 다음을 준비하고 기약하는 그러나 눈에 보이지 않
는 등식을 꾸준히 지속, 관철시키는 행위이기도 하다.

어쩌면 그 대표적 행위가 생명을 잉태시키는 일인지도 모르겠

다. 이름을 남기는 게 사람이 남겨놓는 제일의 자취이기도 하겠으나 그것으로 인해 답습되고 보전, 계승되어지는 것이 인류문화라고 이름 하는 위대한 유산이 아닌가 싶다. 그러니 사회나 국가를 지탱하는 힘도 누군가가 먼저 마련해 놓은 법칙이나 근거를 통해 국가와 사회가 존속하는 기본 바탕이 되는 것이다.

출가자가 되어 살아가는 내게는 스스로의 수행과 함께 재가 수행자를 바른 길로 인도하는 것이 가장 우선시 해야 하는 본분사이다. 인도한다는 표현을 쓰고 있지만 사실은 그조차 외람된 표현이다. 그저 먼저 부처님 법을 알아 수지, 이행하고 살아가고 있으므로 나 보다 늦게 불법을 접하는 재가자들에게 선배 된 입장에서 선도하고 계도한다고 보면 옳을 것이다.

물론 출가자와 재가자라는 다른 옷을 입고 있기에 출가사문으로서의 법도가 있는 게 사실이지만 그렇다고 재가자와 유리된 삶을 사는 건 결코 아니다.

삭발염의하고 회색 옷을 입던 순간부터 우리들은 계율을 먼저 익혀야 했고, 솔선하여 자비를 실천해야만 했다. 그것이 의식에서 행으로 자리 잡을 때, 바른 습習이 배었다. 라고 말한다. 그 습이 여일해지면 그런 습이 일치되는 사람으로 살아가게 된다. 그 모습을 일러 계행이 바르고 철저하다고도 하지만 조금 더 불교적인 표현으로 '잘 산다.' 혹은 '향기롭다.' 라고 하여 소양을 한껏 칭찬하기도 한다.

어느 날 문득 든 한 생각이 나를 깨웠다.

'나는 출가자로서 후배 스님들에게 무엇을 주고 살았을까?' '나는 재가 수행자들에 어떤 이로움을 주려 애 썼던가?' 라는 자문이었다.

답은 썩 맘에 들지 않았다. 뭔가 스스로에게 주춤 하는 구석이 있었으며 선뜻 그랬노라 라는 답이 나오질 않았다. 그러나 그날 이후, 순간순간의 패턴이 바뀌고 있는 것을 느낄 수 있었다. 모르긴 해도, 내가 갖고 있는 것을 내어주는 연습과 종종 앉은 자리를 양보하는 마음이 흔연히 일고 있음을 감지하게 되는 순간이었다. 이를테면, 스스로에게 던진 질문에 가까워지기 위한 삶을 살아가고 있다. 알고 보면 내가 좋아지기 위한, 진정 나를 위한 탁마인 셈이다. 그렇지만 아직도 길은 멀다. 내가 미처 인식하지 못하는 미흡함이 분명 있을테니 말이다.

이즈음은 졸업생이 가득하고 신입생이 넘쳐나는 때이다. 꽉 채워진 자리를 내어주는 선배들이 있고, 다시 비워놓은 자리를 찾아가는 신입생들이 있게 마련이다. 얼마나 아름다운 풍경인가. 그 멈춤 없는 흐름이 있어 온전한 사회가 만들어지고 구성원들은 성숙해진다.

혹한을 동반했던 겨울도 이제 곧 봄에게 온전히 제 자리를 내어주게 될 것이다. 그날에는 더 찬란한 초록이 넘실댈 것이며 꽃들도 제 생명을 맘껏 뽐내게 될 것이다. 소리 없이 주고 받는 질서이다. 배려 보다 더 농도가 짙은 아름다운 질서가 온 세상을 치장할 것이다.

19장

언젠가는

나도
흐뭇한

'라떼'를

종단일과 학교 일, 사중 일을 두루 살펴 일정을 관리해야 하는 매일이지만 그 주어진 소임이 즐겁다. 모르긴 해도 두 세 개 이상의 소임을 가진 이들이라면 단조로운 일상을 보내는 이들에 비해 아주 박진감 있는 사이클을 운영할 줄로 안다. 나 또한 지난 해 하반기부터 주어진 소임들로 인해 이전에 비해 조밀한 삶을 살고 있는데 오히려 그 일정이 적당한 긴장감을 주어 개인적으로는 나쁘지 않다.

며칠 전에는 나 보다 더한 중책의 소임을 보며 중진 시절을 사셨던 어른 스님을 뵈러 간 일이 있다. 스님은 천막법당에서 기도를 시작하여 도심포교당의 당당한 주춧돌을 수 십군데 놓으신 분이며 해외에도 한국 전통 방식의 대작불사를 일구어 불교계의 입지전적인 인물로 꼽히는 분이다. 더욱이 종단의 굵직한 소임을 두루 거치셨으며 최근 몇 해 전까지도 군종교구장을 지 낸 이력을 갖고 계신 스님이시다.

뵈러 간 날, 스님은 한 주 전쯤 미국에서 돌아와 다소 피곤이 가 시지 않은 기색이었음에도 속가 모친과 한참 후학인 나를 너무 도 반갑게 맞아주셨다. 어른 스님이야말로 그 연배 어른들을 대 표하는 살림을 살아내신 분이었기에 상좌와도 같은 연령대의 나를 보며 얼마나 많은 충고와 덕담을 해주고 싶으셨을까마는 스님은 그런 충언 대신 짧은 당부의 말씀을 주셨다.

"요즘 젊은 스님들은 우리 때와는 달리 할 줄 아는 것이 너무 많 은 재주꾼들이야. 우리들이야 이제 퇴물이 아닌가. 그대들을 보 면 크게 걱정이 되질 않아. 단지, 아는 게 많고, 재주가 많다보니 너무도 자신만만하여 죽자 사자 하진 않는 거 같아. 무엇이든 한 가지 제대로 이루려면 사흘 밤낮을 골몰하여 고민하고 연구 해야 하고, 죽을 각오로 임해야 해. 그래야 결과도 좋고, 후회가 없어. 종단의 주요 업무를 관장하는 종원스님이기에 다른 당부 보다는 그런 당부를 해주고 싶네. 군종교구 군법사 경험이 있으 니 훨씬 잘 하리라 믿어. 군포교, 어린이 포교는 시대가 바뀌어 도 꾸준히 지켜줘야 하는 한국불교의 발판이어야 해."

일찍이 서울 중심지에 포교당을 설립하고, 흡사한 포교당을 경 기도에도 설립하여 '불사의 귀재'라고까지 불리어지던 스님은 본사 주지를 역임한 이후 그렇듯 종단의 소임과 해외 포교도량 불사를 꾸준히 일궈내며 세수 일흔을 넘기셨다.

모친과 내가 방문한 날에도 도량에는 불자들의 걸음이 잦았고 스님이 세워놓으신 유치원에도 원아들의 웃음이 넘실대고 있었다. 이를테면 30년 성상을 보태며 전각도, 스님도 세월을 함께한 모습이 역력했으나 스님이 일궈놓은 도량은 도심 불교인들에게 전법의 진지가 되어 포교의 산실에 부족함 없는 역할을 지금도 해내고 있는 모습이었다.

어린 시절, 부처님을 처음 알았고 그 사찰의 어린이법회를 통해 불교의 씨앗이 발아되기 시작했다. 중·고교 시절 학생회 법회를 만들어 활동을 하던 동네를 종단의 소임을 사는 종도가 되어 찾아오니 그 감회는 말로도, 글로도 부족할 뿐이었다. 어디 나뿐인가. 모친은 스님께서 천막법당을 시작하실 때부터 불사를 함께 일군 신도였기에 모친과 스님은 너무도 각별한 인연인지라 세월 지나 해후한 스님과 모친 역시 그 감회는 보통의 만남이 아니었다. 그저 가슴이 활짝 열린 듯 한량없는 마음이었고, 출가 이후 처음으로 그것도 모친을 모시고 찾아온 오래전 나의 원찰은 묵묵히 기다리고 있는 고향집에 다름 아니었다. 환희심을 가라앉히지 못하는 모친의 표정은 한참동안 살아있었고, 나는 충만한 자신감을 안고 포교당 앞 주택가를 운전해 빠져나왔다.

일은 함이 없이 하게 된다. 조짐이 좋은 일은 힘을 들이지 않아도 절로 이루어진다. 그래서 나온 말일 것이다. 열심히 하는 이

보다, 즐거워하는 이를 이기지 못한다는 말은 그렇게 나온 격언일 것이다.

"반드시 해야 하는 일이었기에 힘들다는 생각은 들지 않았다"고 어른 스님은 불사에 관한 말씀을 예전에도 어느 매체를 통해 한 적이 있다.

나의 지금이 기쁨으로 점철된 일상이라면, 어른스님의 살림과도 유사한 조짐이 보이는 것일까. 더러 힘든 노정이라 할지라도 기쁨이며 감사함이기를 바란다.

장애 없는 삶이 어디 있으랴. 극복하고 견디는 일도 제 살림의 유용한 편린이다.

20장

나의 은사,

보광 큰스님

부모와 자식은 피로 맺어진 혈
연관계이다. 출가사문이 되어 만난 사제師弟 지간은 글로 맺은
관계라고 들어왔다. 내게도 글로 맺은 은사가 계신다. 나의 스
승 보광 큰스님이시다. 스님은 오롯한 학자이시다.

스님은 천년고도 경주에서 태어났다. 분황사에서 공부의 견처
를 발견했고 학승으로서의 길을 걷기 시작했다. 그리하여 동국
대학교 불교학과 및 동대학원을 졸업한 후 일본으로 건너가 불
교대학에서 문학박사 학위를 취득했다.

이후 동국대 정각원장, 대외협력처장, 불교대학 학장, 대학원장
등의 소임을 마쳤으며 대한불교조계종 장학위원장과 문화재청
문화재위원, 동국대 불교대학 선학과 교수를 역임했으며 제 5
대 동국대 동국역경원장을 거쳐 제 18대 동국대학교 총장을 역
임하신 분이다.

나의 스님은 언제나 당신의 일에 최선을 다하는 모습이셨다. 수
행자의 본분에서도 게으른 모습을 보이신 적이 없으셨고 당신
의 전공분야인 학문의 길에서도 언제나 철저하신 모습으로 모
범의 삶을 살고 계신 분이시다. 그런 나의 스승님께는 30여 명
의 사형사제가 있어 권속으로서의 의무를 다하며 살아가고 있
다.

나는 나의 스승님께 맏상좌는 아니다. 그러므로 세속에서의 부
모 자식 간처럼 어른을 시봉해야 하는 부담은 없는 편이다. 스
님은 사형스님이 모시며 살아가고 있는데, 종종 스님을 찾아 뵐
일이 있어 스님을 뵈러 가게 되면 사형스님의 모습에서 감사한
마음이 절로 인다.

들고 나는 일에 있어서도, 어른의 출타에서도 마음을 쓰는 것은
당연하고 어른스님을 찾아오는 승, 재가들께도 그 깍듯함이 예
사가 아니다. 그렇다보니, 나 또한 은사 스님을 모실 일이 있을
때면 더 정중한 모습으로 어른의 기호를 살피게 된다.

돌이켜 보니, 출가 이후 노스님을 모시던 은사 스님의 모습이 떠
오른다. 전국에 용성조사님의 수행처를 복원하셨는가 하면 전
법의 길에서 늘 앞장서 계셨던 노스님의 뜻을 받들어 소홀함 없
는 시봉을 하시던 은사스님의 모습은 잊을 수가 없다. 모르긴
해도 나의 은사 스님께서도 노스님께서 걸으신 길을 흡사하게
걷고 계신 게 아닌가 하는 생각이다. 단지, 스님은 포교 보다는
교학을 통해 전법의 길을 걷고 계신 점이 조금 다른 점이다.

어른들의 삶을 보면 많은 부분 닮고 싶어지는 대목이 있다. 속가 부모님의 삶에서도 난 많은 가르침을 받으며 성장할 수 있었다. 그 부분에 있어서는 정말이지 남부러울 게 없을 정도였다. 그러므로 내 삶의 많은 부분은 부모님의 가르침이 있어 가능했다. 그런데 출가사문이 되어 은사 스님을 뵌 인연 또한 내겐 커다란 복이 아닐 수 없었다.

수행자로서의 모습에, 학승으로서의 모습은 한시도 나태함을 갖고 살아서는 안 된다는 원칙을 세우게 해 주셨으며 노스님을 시봉하는 모습에서는 어떤 걸음으로 후학으로서의 본분에 충실해야 하는지를 알게 해 준 기준이었다.

얼마 전, 나의 스승께서는 〈역주 정법안장강의〉 12권 전집을 출간, 세간의 이목을 끌었다. 〈용성선사연구〉〈신라정토사상의 연구〉(일본판) 〈일본선의 역사〉〈연꽃이 피었습니다〉 등 다양한 저서 출간과 논문을 발표하신 이력은 상좌인 내가 따라갈 수 없는 공적이시다.

그런 은사 스님의 원력에 보답할 수 있는 길은 내가 걷는 나의 길에서 최선의 삶을 꾸리는 것이며 자비와 보시바라밀다행으로 출가 수행자의 본분에 위배됨 없는 모습의 삶을 살아가는 것이다.

오래 전, 상좌가 된 내게 들려주신 스님의 말씀이 떠오른다.

"출가자는 '수행'이라는 본분에 충실해야 하며 어느 때라도 자

비가 묻어나는 모습이라야 한다. 그것이 계율을 이행하는 사문
의 모습이며 재가불자들에게 귀감이 되는 척도인 것이다. 종원
이의 삶이 그렇게 닦여지고 윤기 나게 빛나는 삶이기를 바란
다."

21장

노스님의
생신일에

드는

한 생각

얼마 전, 노스님의 생신일에는
사형, 사제스님을 위시하여 인연되는 여러 스님들이 노스님을
뵈러 오셨다. 세수 구순을 앞두고 계신 노스님은 일찍이 용성조
사님 선양운동을 일으켜 종단 안팎에서 용성조사님의 인식을
바로 세우는데 기여한 바가 큰 어른이시다.

뿐만 아니라 스님께서는 전국에 포교도량을 건립하고 많은 이
들이 불법을 만나기를 서원하신 분이시다. 그런 노스님의 세수
여든 아홉을 맞은 생신 축하자리에서 나는 손상좌인 '나'를 돌
아봤고, 상좌이신 '은사 스님'을 올려다봤다.

일찍이 불법을 만나 부처님의 가르침을 익혀 펼치시고 더 나아
가 상좌, 손상좌에 이르기까지 전법의 기치를 높이 세우신 노스
님의 원력은 적지 않은 울림을 주었다.

노스님께서는 세수 여든을 넘긴 나이에도 법문을 쉬지 않으셨

다. 법문의 주요 주제는 언제나 바른 법을 수지하라는 당부이셨고, 고정 메뉴 혹은 단골 메뉴가 용성조사님의 독립운동과 전법 활동이었다. 나 또한 노스님의 법문을 들으며 용성조사님의 정신을 바로 알게 되었고 후손으로서의 역할을 다지는 시간이기도 했다.

노스님의 뒤를 이은 은사스님의 수행은 교학에 초점이 맞춰져 있었다. 내 출가 이전부터 은사스님은 학문에 관심이 많은 분이셨다. 은사와 상좌 연이 지어진 때에도 내 의식 속 은사스님은 공부에 매진하는 일관된 모습이었다. 이후에도 종종 은사스님을 뵐 일이 있어 찾아뵈면 스님은 언제나 책을 보고 계셨다. 어린 눈에 비친 은사스님의 그 모습은 닮고 싶기도 했으며 존경스럽기 그지없었다.

스님은 종단의 소임을 맡으셨고 종립 동국대학교 총장을 역임하셨다. 지금도 종단의 중책을 맡고 계시는데 노스님이나 은사스님께서 걸어오신 길이 개인의 영달을 위한 걸음이 아닌 종단 전체, 한국불교를 위한 행보였음을 볼 때, 손상좌이며 상좌인 나는 흉내라도 낼 수 있을지 궁금하다.

또한 그날엔 방송매체를 통해 건강한 삶을 선도하며 포교의 최일선에 계신 법륜스님이 참석하여 노스님의 생신을 축하해 드렸다. 법륜스님은 전 세대에 걸쳐 가장 잘 알려진 부루나존자이시다. 물론 비불자들에게도 스님의 강의는 대단한 반향을 일으키고 있는데, 벌써 그 세월이 20여년에 이르며 종단 내, 어떤 스님들보다도 적극적인 포교를 하고 있다는 평가이다.

일찌감치 인도에 학교를 세워 전법의 바람을 일으킨 법륜스님 역시 신념이 분명한 출가 수행자임에 틀림없다. 출가수행자로서의 역할을 성실히 해내고 있기에 종단 종파를 넘어 옳은 가르침을 바르게 펴는 일이 얼마나 중요한가를 새삼 느끼게 해주는 스님이시다.

그런 말이 있다. '사람은 마지막 가는 길을 보면 어떤 삶을 살았는지를 알 수 있다'라는. 난 조심스럽게 내다본다. 일생을 출가수행자로 살면서 용성 조사님의 선양활동을 하루도 빠짐없이 이어오신 노스님도, 불교 학자로서 부단 없는 노력으로 당신의 분야에서 일가를 이루신 은사스님도 부끄럽지 않을 여정을 마치고 가실 것이라고.

새벽에 눈을 뜨면 잠시 정좌하고 앉는다. 하루를 어떻게 살 것인지를 다짐하고, 어떤 수행자의 모습으로 신도님들을 대할 것인지를 점검한다. 그리고 법당으로 올라 지극한 마음으로 지심귀명례至心歸命禮를 한다.

대중으로 함께 살고 있는 스님들의 안위를 발원하고 재가 불자님들의 무탈을 기원한다.

내 부족함을 참회하고 미처 행하지 못한 것들을 바른 마음으로 실행할 것을 발원한다. 더는 부처님과 노스님, 은사스님께 한량없는 감사의 마음을 올리고 인연 있는 수많은 주인공들을 향해

간절한 기도를 올린다. 일체가 편안하기를, 일체에 부처님의 자
비광명이 가득하기를 그렇게 기도한다.

매일이 다시 태어나는 날이다. 그러니 매일이 생일이기도 하다.
속가의 인연으로 주어진 육신의 생일에서 불가의 인연으로 새
롭게 주어진 항상하는 생일을 더 깊이 새기는 오늘이다. 세포마
다 감사한 마음이 올라온다. 부처님의 법을 알아가는 매일이다.

22장

모든
부처님들

오셨습니다

부처님오신날을 앞두고 사중에서는 연등을 만들고, 축제일에 걸 맞는 행사 준비를 했다. 올해도 인연 되는 분들, 사회 각계각층 시민들과 불자님들의 연등이 법당과 도량 곳곳에 밝혀졌다.

등을 밝히기 위해 오는 분들의 표정은 밝다. 기대와 희망을 갖고 오기 때문이다. 좋아지고 더 나아지고, 밝아지는 까닭입니다. 그러므로 염念하는 마음은 가능성의 출발이며 내면의 의식이 소리를 내게 되면 서원으로 자리하고 그 마음이 간절해지면 품고 있는 뜻은 바라는 쪽을 향해 있거나 이루어지게 된다.

마음먹은 대로 살아가고 있다는 한 재가불자를 알고 있다. 그는 외국에 나가 자신이 원하는 공부를 했고, 자신이 정해 놓은 시점에 박사 학위를 두 개나 취득하고 돌아왔다. 더는 유학시절부터 맘먹었던 경전을 번역하여 책으로 엮어냈으며 지금도 하루, 일주일 단위, 반년 단위, 연 단위, 혹은 5년, 10년 계획 정도의 분명한 목표를 세워 실천해나가고 있다.

그는 말한다. "저는 청소년기부터 마음 먹은대로 살아왔습니다. 공부에서도, 사람관계에서도 그리고 제 일상을 꾸리는 일에서도 저는 비교적 마음 먹는대로 살아 왔고, 앞으로도 그럴 것입니다."라고 분명하게 스스로를 소개한다.

과연 그랬다. 심지어 식습관부터 물건을 사용하는 것에 이르기까지 그는 원칙을 갖고 살아가는 유형이 분명했다. 그렇다보니, 그 대단원의 경을 정해놓은 시간 내, 번역해 책을 출간했는지도 모른다.

이후, 그는 책 출간 이후의 바람에 따라 자신의 위치를 정리하여 학자로서의 길을 반듯하게 걸어가고 있다.

그런가 하면, 스님들께서도 자로 잰 듯 규칙적이고 계율에 위배됨 없는 삶을 사는 분들이 적잖게 계신다. 물론 스님들이야 출가 때부터 혹은 비구, 비구니계를 수지하면서부터 다짐하는 결계가 여럿 있다. 그런 계목만 철저히 지켜도 승가로서의 삶에 호리만큼의 그릇된 모습을 보이지 않을 것이다. 그것이 비구, 비구니계이며 율장에 적시된 대로의 수행자적 삶입니다. 원칙인 셈이다.

그러나 시류에 적당히 계합하여 다소 탄력적인 삶을 사는 출가수행자들도 더러 있는데, 이처럼 출가사문의 세계에도 변화가 찾아들고 있다.

이는 문명에 적극 노출되어 살아가고 있는 재가불자들과 떼려야 뗄 수 없는 관계망을 형성하고 살아가는 이유이다. 그러므로 교류가 이루어지는 과정에서 출가수행자들에게 자연스런 문명의 교유는 불가분의 일이며 그로 인해 사문의 세계에서도 세간의 문화를 공유하는 형태를 답습, 내지는 전이되는 이유이다.

기실은 연등을 밝히는 일도 앞서 살았던 누군가에 의해 배우고 익힌 행위이다. 부처님 재세시 가난한 여인이 정성으로 밝힌 등불이 꺼지지 않고 밝게 빛나고 있어 그 광경을 본 석가모니부처님께서 연등공덕으로 가난한 여인의 성불을 예견했다고 하는 일화가 있다.

우리나라에서도 중국에서 불교가 전래된 이래 삼국시대와 신라시대 불교를 국교로 삼았던 때, 연등회를 했다고 하나, 기록이나 문헌으로는 남아 있지 않고, 신라 최대의 국가사찰 황룡사에서 연등회를 시행하였다는 기록은 남아 있다. 그로 인해 고려 태조 왕건 시기, 팔관회와 연등회를 지속적으로 이어가게끔 했다고 한다.

그러므로 우리나라에서 연등회를 한 정확한 시기는 1245년 4월 8일 무신정권 집권자인 최우가 연등회라고 불렀다는 기록이 있으며 세종대왕에 이르러 태종이 폐지한 연등회를 다시 부활케 했으며 그때 집집마다 자녀의 수대로 등을 밝혀야 길하다고 여긴 것이 일반인들이 등을 밝히며 가족의 이름을 빼곡하게 적는

효시가 되었던 것이다.

그러나 질곡의 현대사를 겪으며 의견이 분분하기도 하였으나 현재에 이르러 연등회는 유네스코 세계문화유산으로 등재되었으며 불교 집안은 물론 국가적으로도 축제가 되어 부처님오신 날을 찬탄하고 있다.

누군가 원칙으로 정해놓는 일이 역사로 자리매김하게 된다. 등을 밝혀 좋아지는 길을 택하는 마음은 이미 절반의 성취이다.

23장

부처님의
자비처럼
변하지 않을

나의 도반
도림

부처님의 자비처럼
변하지 않을 나의 도반, 도림

여름이 가깝다고 느껴진 것이
엊그제 일인데, 벌써 낮이면 더위를 체감한다. 법당이 생활의
주공간이기도 한 우리 승가에게는 계절마다 몸으로 느끼는 추
위, 더위가 조금 다르다.

겨울이면 마룻바닥에서 올라오는 냉기가 발끝을 시작으로 온몸
에 전달되는가 하면 요즘처럼의 여름에는 등줄기와 가슴에서
타고내리는 땀방울이 예사롭지 않다. 목탁을 치고 염불과 축원
을 하게 되므로 신체 내 기운이 상승하는 까닭이다.

그럴 때 잠시 잠깐 바람이라도 살랑이면 몸의 세포조직은 바로
시원함을 느낀다. 미세한 바람이지만 더위를 체감하는 동안에
불어주는 바람은 그렇듯 적지 않은 감동을 배달한다.

최근 어느 어른스님을 통해 들은 얘기가 귓전에 맴돌아 잠시 소

개한다. 스님께서는 평생을 그림을 그리는 불화가로 사셨다. 세수 칠십 후반을 살고 계신 스님께 "내일이 주어지지 않는다면 어떤 것을 가장 안타까워할까?"를 여쭈었다.

스님께서는 "다른 것은 아무 것도 아쉬운 것이 없는데, 이 거룩한 자연환경을 호흡하지 못하게 된다는 것이 가장 안타까울 것 같아."라고 말씀하셨다.

사람도, 사물도 아닌 자연환경이라는 답에 며칠을 화두처럼 '자연, 자연, 자연'이라며 운전을 하고, 산책을 해야 했다. 나름의 이유를 붙인다면, 자연은 항상恒常한다는 것이다.

사람은 같은 사람임에 분명하나 시시각각 변화를 가져온다. 각각의 개체마다 원칙을 갖고 살지만 상황에 따라 변하고 자신이 갖고 있는 신념에 변화가 와서 부득불 바뀐 모습을 보이기도 한다.

그런가하면 사물이 변화하는 예는 비교적 적다. 풍화에 의해 마모가 되는 경우가 있고, 햇빛에 의해 퇴색이 되는 경우의 예도 있긴 한다. 그러나 잎이 나고 꽃이 피고 다시 지는 자연은 언제나 같은 변화만을 반복할 뿐, 감정을 담아 실망을 시키거나 변질된 성향을 드러내는 일은 없다. 그렇게 같은 수위의 기대치를 채워주는 불변의 구조이다.

그렇지만 그 시시각각의 변화무쌍을 체감하는 가운데도 한결같은 이가 더러 있다. 이는 관계망의 척도이기도 하다.

내게도 그런 도반이 있다. 출가 시절부터 오랜 시간을 함께 해

온 나의 도반은 종단 내에서도 활약이 두드러진 편이며 개인적 삶에서도 건실한 출가자다. 드러남이 두드러지면 자칫 화려해 보이기 일쑤인데, 도타운 나의 도반은 참으로 실다운 모습의 삶을 엮어가는 젊은 승려이다.

10여 년 전, 한 도량에서 주지와 총무로 살았던 우리들은 어느 때에도 불협화음이 없는 관계였다. 물론 도반이 주지 소임을 살았고 내가 총무 소임을 살았는데 우리는 늘 같이 먹고, 함께 내일을 고민하며 출가자로서의 본분사에 최선을 다하고자 했다. 다소 부족한 나의 단점은 도반이 채워줬고, 어쩌다 넘칠 것 같은 도반의 열정을 나의 한 템포 늦는 느긋함으로 조절을 하며 살았다.

텃밭의 채소를 가꾸는 울력에서도 시간이 닿는 한 우리는 늘 함께 힘을 모았다. 그리고 작은 채전에서 추수를 하게 되면 불자님들과 고루 나누고 나머지는 주변의 이웃들과도 나눠 먹었다. 함께 나눈다는 것은 기쁨이 배가 되는 행복이다. 우린 그렇게 공유하는 부분이 많았다.

벌써 지난 봄날의 기억이 되었다. 도반은 인도순례를 다녀왔다. 한 달 하고도 보름 여의 시간 동안 함께 한 스님들과 재가불자들의 걷기를 통한 결사운동을 떠나던 날 도반을 배웅하며 나눈 인사는 하나였다. 건강하게 수행을 하고 떠날 때의 모습처럼 같은 모습으로 돌아와 주기를 바라는 마음뿐이었다.

43일이 지난 뒤, 회향의 자리에서 만난 도반은 건재했다. 떠나던 날의 미소보다 진한 미소를 보이며 한결 깊어진 수행자의 모습으로 내 앞에 섰다. 얼싸 안고 마주한 도반을 보며 감사한 마음이 허공에 걸린 연등 보다 드높게 출렁였다. 부처님의 제자로 살아온 시간들이 주마등처럼 스쳤다.

그렇게도 기뻤을까. 사진으로 기록된 우리 둘의 표정에는 더 바랄 것이 없었다.

변하지 않을 자연처럼, 한결같이 이어질 길 부처님의 길처럼 도반은 내게 불변이다.

24장

세상
제일 멋진

'영웅'이
되어주자

운동에 소질이 있는 아이들은 운동을 통해 자신의 재능을 드러낸다. 예능에 관심이 높은 아이들은 예능에 집중하게 되고 그 결과 자신이 좋아하는 분야의 길을 찾아가게 된다.

아이들의 성향이 그렇듯 불교 집안의 수행가풍 역시 다르지 않다. 가까운 예를 들자면, 수행을 최우선으로 생각하는 도량에서는 참선수행을 비롯해 염불수행의 풍토를 이어가고 포교를 통한 전법을 우선시 여기는 도량에서는 다양한 신행활동을 통해 불법을 뿌리내리게 한다.

최근 크게 부상하고 있는 한 교구본사에서는 계절별 축제를 만들어 대중 모두를 사찰로 불러 모으고 있다. 일반 대중들은 사원을 찾아 평소 접하기 어려운 문화를 보고 느끼며 호흡하고 사

찰에서는 찾아오는 대중들에게 불교문화를 전하며 승, 재가가
둘이 아님을 알게 하는 밀도 있는 접점의 시간이다.

저희 절 대각사에서는 기도를 통한 수행을 도모하고자 늘 노력
하고 있다. 언젠가 법회를 통해서도, 짧은 글을 통해서도 잠시
밝혔듯이 우리 대각사는 조계종단의 종갓집이다. 물론 오늘날
한국불교의 총본산인 조계사가 조계종단의 대표 격 이지만 대
각사의 출발은 조계사가 세워지기 전의 일이었으니 그 역사를
충분히 가늠할 만 한 종갓집이 맞다.

그런 이유에서도 알 수 있듯이 도심 한 복판에 자리 잡은 저희
대각사에서는 기도를 통한 신앙생활을 이끄는 편이며 요즘 도
심 사찰이 표방하는 특별 행사가 없는 것이 오히려 대각사의 특
별함이기도 하다.

그러나 저희 절 대각사는 역사와 전통을 느끼게 하는 어른 세대
들이 계시는가 하면, 흔히 얘기하는 mz 세대를 가장 근거리에
서 만날 수 있는 곳이다. 원도심 특유의 오래된 느낌이 젊은 세
대들에게는 향수 : 노스텔지어(nostalgia)를 떠올리게 해 주며
그 세대들의 도량 방문은 뜻밖의 즐거움을 가져다주기도 한다.
다소 틀을 벗어난 옷차림, 내츄럴한 헤어스타일은 그들의 생각
을 가늠케 해 주며 너무 경직되지 않고 자유롭게 자신의 의사를
표현하는 모습 또한 신선함을 몰고 오기도 한다.

바로 그런 세대들을 위한 수행의 패턴을 우리 절에서도 조금씩 시도해 보려 한다. 조금 편한 사찰 예절과 참선과 비교되는 명상을 접목시켜 어렵지 않은 부처님에게로의 다가감을 도우려 한다. 국수 보다는 파스타를 좋아하고, 부침 보다는 피자를 선호하는 그들에게 이 거룩한 부처님의 가르침을 조금 다른 방식으로 전해줄 의무가 우리에겐 있다. 하여, 오래지 않아 70~80대의 어른들과 20~30대의 젊은이들이 같은 공간에서 부처님을 '흠모'하는 풍경을 만들어주고 싶다.

얼마 전, 부처님오신날을 앞두고 조계사에서는 어린 유치원 세대들에게 단기 출가 기회를 부여, 동자승의 모습으로 한 달을 살게 한 적이 있다. 어쩌다 그들 중 한명의 동자승 엄마를 알게 되었다. 어떤 계기에서 참여하게 되었는지 물었고 답은 예상을 크게 벗어나진 않았다. 스스로가 불자이므로 좋은 불교적 가르침을 자녀에게 알게 해 주고 싶었고, 미취학의 상태이므로 무엇이든 속속 흡수하는 시절에 잊혀지지 않을 '부처님' 기억을 갖게 해 주고 싶었다는 얘기였다.

우리 어른들보다는 아주 작은 동자승들은 출가 기간 내내 가사장삼을 수하고 조계사 마당에서 술래잡기를 했고, 공을 찼다. 추억이기도 하고, 습習이 몸에 자리 잡는 흉내의 시간이기도 했을 것이다.

그러나 동참한 열 명의 동자승들 가슴에는 연등과 부처님, 석탑, 스님 등 불교와 유리되지 않을 요소들이 한참을 떠나지 않고 있을 것이다. 이슬비에 옷이 젖는 순간이며 기억을 장착하는 시간이었을 것이다.

나는 아직도 법당의 부처님이 가장 거룩한 존재이다. 나는 여전히 앞서 나가신 스님들이 내 삶의 기준이다. 그리고 난 아직도 법당에서 예불하고 기도하는 순간이 최고로 행복한 시간이다. 50여 년 전, 어린 영혼이 부처님을 알았던 그 때, 나의 손을 잡고 나를 이끌었던 분은 어머니이셨다. 그렇게 나 또한 우리 절 대각사를 찾는 누군가에게 바르고 좋은 길잡이가 되어 주는 먼 후일의 '영웅'이 되고 싶다.

25장

준비하고

계신지요?

유난히 덥고 유독 비가 많이 내
린 여름이다. 그로 인한 피해는 인명 피해에 이르기까지 수도
없이 속출했다. 만물의 영장인 인간이라 할지라도 천재지변 앞
에서는 그것을 이길 재간이 없다. 속수무책이다.

그러나 천재지변도 충분히 대비가 가능한 때가 있다. 그렇기에
예보가 있고 그 예보에 따라 더위도, 장마도 그리고 태풍과 혹
한 역시 방어를 할 수가 있다.

삶도 예외가 없다. 사실 어떤 사안일지라도 '준비' 만큼 중요한
보험은 없다. 공부를 하는 학생에게는 공부가 준비이고, 생업을
꾸리는 직장인들에는 그날그날 주어지는 업무가 기실은 미래를
위한 준비가 된다. 그 주어진 것들에 얼마만큼의 공을 들이고
노력을 기울이느냐에 따라 결과는 판이하게 나눠진다.

우리 출가자들에게도 흡사하게 적용되는 원칙이다. 수행은 사실 자신이 일구는 자신 안의 문제이다. 그것이 여일하게 이어져야 공부의 성과를 보게 되는 것이며 어느 처소에서든 스스로의 몫을 해내는 힘이 주어진다. 그리하여 이판理判의 길, 사판事判의 길을 걷게 되고 학승, 염불승, 행정승 등 다양한 분야에서 자신에게 맞는 옷을 입고 살아가게 된다.

한 재가 불자의 이야기는 그런 맥락에서 참으로 와 닿는 메시지였다. "스님, 쉰 중반까지 상향곡선만 타며 일을 했던 것 같습니다. 불교 안에 살면서 일을 하는 저지만 일하는 사람의 마인드는 전무하고 언제나 수행 마인드로 사람을 만나고, 일을 해나온 것 같습니다." 라며 몇 해 전 크게 타격을 입은 업무 얘기를 풀어나갔다.

"스님, 저는 아주 어리석은 오너였습니다. 상향곡선을 타는 업무는 중단 없이 해나갈 수 있을 줄 알았어요. 그런데, 예고 없이 일방적 통보를 받았고 한두 달 뒤 통장에는 잔고가 하나도 없었습니다. 있으면 있는 대로 퍼 주고 누군가 어려우면 내일 굶더라도 주고야 마는 성품이었거든요. 풍요롭지도 않으면서 풍요로운 양 보시도 서슴지 않았습니다. 결국 회사가 어려워지니 알겠더군요. '준비 없는 삶이 얼마나 힘든 결과를 가져다주는지'를 말입니다."

시사하는 바가 적지 않은 일화이다.

그러나 반전의 감사함이 있었다고도 말했다.

아무런 말없이 통장에 후원금을 넣어주는 몇몇 승가와 재가가 있어 그 어려운 고비를 잘도 넘긴 것 같다는 귀띔이었다. 안타까움이 흐뭇함으로 탈바꿈한 그 분과의 대화였다.

우린 불교의 50년, 100년을 내다봐야 하는 때이다. 적은 수의 스님들은 불교를 걱정한다. 이 좋은 가르침을 세세생생 이어가 스스로를 맑히는 쪽으로 데리고 가는 것이 불법의 주요 골자이다. 전법에 애 쓰고, 포교에 치중한다. 그리고 불자들을 귀하게 여긴다. 그래야 불교의 미래가 융성해진다.

그러나 많은 수의 스님들은 자신의 안위와 자신의 사찰만을 염려한다. 전혀 대승적이지 않으며 요익중생의 삶은 먼 이야기로만 치부한다. '나'만 잘 살면 된다는 논리이다. 승가의 99%는 재가의 보시에 의해 살아가는 구조이다. 그리고 승가는 그런 재가를 위해 중단 없는 기도와 수승한 가르침으로 이로움을 주어야 마땅하다. 그 도리를 거스르면 죄가는 대단하다. 눈에 보이는 것이 되기도 하고, 눈에 보이지 않는 허공의 장난질이 될 수도 있는데, 이는 비켜갈 수가 없다. 정중한 자세만큼 좋은 모습은 없다. 그러니 어느 위치에 있든, 그 대상이 누구이든 삶에서는 긴장의 끈을 느슨하게 매서는 안 된다.

나의 오늘은 어떠한가.
그리고 내일은 어떠해야 하는가.

나 역시 하루도 빠짐없이 점검하고 실행하고를 되풀이 한다. 그
점검이 없다면, 반조의 시간이 주어지지 않는다면 언제나 도태
되고 만다. 승려로서의 본분을 잊는 순간 그 커다란 불법과 외
호의 울타리는 무너지고야 만다. 부단 없이 정진해야 하고, 하
루도 거르지 않고 수행해야 마땅하다. 그것이 50년, 100년 뒤에
타는 보험금이 된다. 불교가 이 땅을 이끌어가는 초석을 지금도
끊임없이 만들어가고 있는 것이다.

26장

어른
스님들과
함께 한

'용성 조사
탄신
160주년'

'여행은 눈 뜨고 꾸는 꿈이다.'
라고 누군가 얘기한 적이 있다. 그런 꿈을 꾸었다. 그것도 은사
스님과 은사 스님 연배의 어른 스님들과의 일주일에 가까운 여
정은 실로 행복한 외출이었다. 대각회 분원장 워크샵을 겸한 불
교문화탐방은 용성 조사 탄신 160주년을 기념하여 계획한 특별
한 해외 나들이었다.

마치 시자나 다름없는 자격으로 어른 스님들 곁을 지키며 보낸
엿새 동안의 시간은 꿈길을 걷는 것만 같았다. 일생을 수좌로
살아오신 혜국 큰스님, 일오 큰스님, 그리고 백담사 선원장 영
진 스님 등 많은 어른 스님들은 나와 같은 젊은 출가 수행자들
에게는 언제나 귀감이 돼 주고 계신 이 땅의 선객들이시다. 그
밖에 법안정사 법수 스님은 속가의 형제애를 느낄 만큼 우애가
남다른 사숙 스님으로서 함께였으며 몇몇 소임 스님들과 비구

니 스님들 역시 그곳에서는 탐방 내내 시자였으나 즐거움은 곱절에 달하는 모습이었다.

불교 유적이 가득한 타슈켄트는 잘 보존된 보물창고 안을 들여다보는 것만 같았다. 우즈베키스탄을 대표하는 테레미즈 부처님상, 19세기 아프카니스탄의 불감佛龕, 부처님 일대기의 장면들 등 소중하기만 한 불교 유산을 원 없이 보고 느낀 여정이었다. 더욱이 어른 스님들과 일정을 소화하는 나에게 스님들은 유형의 불교 유산을 접하는 일만큼 소중한 살아 숨 쉬는 불교 유산과 같이 한다는 느낌이었다. 치열하게 정진하신 지나온 시간들과 여전히 정진으로 일관하고 계신 오늘에 이르기까지 한 시도 허투루 살지 않으신 스님들의 지난 시간들이 불교 유산이지 않겠는가 하는 생각이었다.

함께 공양하고, 같이 걸으며 들은 스님들의 법담은 시간마다 주어지는 소참법문이었고 종종 전체에게 공지를 하는 순간에는 마치 야단법석이 따로 이지 않았다. 승랍과 그 많은 연륜은 나와 같은 젊은 출가자를 살짝 긴장하게 했지만 나쁘지 않은 긴장이었고, 몇 분의 어른 스님에게서는 뚝뚝 떨어지는 자비가 그렇게도 여유로워 보였다. 깊어지고 깊어져 푹 익은 수행자의 기품 그대로였다. 환희심을 소환하지 않을 수 없었다. 행복이었다.

그런가 하면, 스님들이 필요에 의해 젊은 후학을 부르는 소리는

속가의 부모님이 사랑을 듬뿍 담아 부르는 소리와 다를 게 없었
고 몇 걸음 등 뒤에서 들려오던 칭찬은 송구하기도 했지만 미소
를 짓게 하는 기분 좋은 격려이기도 했다. 칭찬을 듣고 자라나
는 것들이 생명 있는 것들이고 사람이기도 하겠으나 역시 기분
좋은 영약을 흡입한 느낌이었다. 감사한 마음이 그 높은 타슈켄
트의 하늘에 일렁이는 듯했다.

그런 말이 있지 않은가. 함께 여행을 떠나보면 그 사람을 알 수
있다는. 그 여정에서도 비켜가지 않았다. 무엇이든 나누고자 하
는 스님이 있는가 하면, 유유자적 혼자 느끼고 보는 스님이 있
고 시자를 대동해 오셨음에도 웬만한 것은 당신 스스로 하려 하
는 어른 스님이 계셨다. 또한 평소 선방을 지키며 근엄함을 보
이시던 수좌 스님께서는 새로운 것, 처음 접하는 불상에 어린 아
이처럼의 해맑은 표정으로 이전의 이미지를 탈바꿈한 듯 생소
한 모습도 연출하셨다. 내면에 숨죽이고 있던 천진한 일면이 너
무도 반가웠다.
그뿐이 아니다. 그 이역만리까지 나와 있음에도 새벽예불을 빠
트리지 않는 어른 스님들의 여여하신 출가 수행자로서의 모습
은 실로 겸허해지고 낮아지는 장면들로 '나'를 다시금 점검하
게 했다.
'저런 저력으로 이곳까지 오셨겠구나.'라는 생각에 존경의 마
음이 누그러들지 않았다. 포교 현장을 지키며 제법 소신 있게
살아왔다고, 살아가고 있다고 자신한 스스로가 낯 뜨거운 시간

이었다. 일행 스님들 중 아무도 모르겠지만 난 스님들의 그림자
를 따라 걸으며 마치 민낯을 보인 듯 부끄러워졌다. 나만이 아
는 참회의 시간이었다.

일정을 마치고 돌아오는 비행기 안에서 차분히 나를 관조한다.
부단 없이 노력하되, 호언장담은 아껴야 한다. 어디에도 부끄럽
지 않아야 하지만 당당함을 잊어서는 안 된다. 더 연륜이 보태
어진다 할지라도 아낌없이 수행하고 포교하며 스스로를 탁마할
수 있어야 한다.
활자화 하지 못하는 감사함은 두고두고 다시 꺼내어 내면을 일
깨우는 일에 써야 한다. 그리하여 내가 어른 스님들의 세수가
되어서도 세상을 이익 되게 하는 출가승으로 한국불교의 일원
이 되어 살아가야만 한다. 그것이 부처님 '밥값' 을 하는 최소한
의 도리이다.

나의 자리로 돌아와 일상을 꾸리고 있다. 살아온 30여 년 보다,
살아갈 30년, 50년이 훨씬 더 승가다운 삶이기를 소원한다. 후
회가 적은 삶을 살아가고 싶다. 눈 뜨고 꾸는 꿈도, 의식 속의 단
단한 꿈도 이미 거머쥔 형국이다.

종원스님 에세이
©2023 종원

초판 1쇄 인쇄 2023년 10월 20일
초판 1쇄 발행 2023년 11월 10일

지은이 종원

펴낸이 김윤희
기획 김윤희
사진 김윤희 유동영
디자인 방혜영

펴낸곳 맑은소리맑은나라
주소 부산광역시 중구 대청로 126번길 18 동광빌딩 501호
전화 051-255-0263 팩스 051-255-0953
이메일 puremind-ms@hanmail.net
출판등록 2000년 7월 10일 제 02-01-295 호

ISBN 979-11-93385-01-2 03220 값 20,000원